中国丝绸之路上的墓室壁画

东部卷·山东分卷

丛书主编：汪小洋
副 主 编：姚义斌　赵晓寰
编　　著：王诗晓　郭振文　金　源

东南大学出版社
·南京·

内 容 提 要

山东是陆上丝绸之路和海上丝绸之路的交汇点,既有深厚的中原文化积淀,又有海上贸易带来的一些影响。山东地区墓室壁画,目前最早是西汉汉武帝时期的"山东临沂金雀山九号汉墓",最晚是清光绪三十三年的"山东济南新区埠东村清末壁画墓",起始时间在全国都比较突出。山东墓室壁画中汉画像石墓数量巨大,优秀作品非常集中,对中国墓室壁画的发展有着重要贡献。汉以下,元代墓室壁画数量比较集中,体现出山东地域文化对这一时期多元文化融合的贡献。山东墓室壁画题材丰富,形制多样,但中原文化的传统是主要脉络。从时间坐标看,山东地区墓室壁画兴衰时间与山东地区海上贸易起始至截止时间大致相同,表现出了海上丝绸之路影响的背景。

图书在版编目(CIP)数据

中国丝绸之路上的墓室壁画. 东部卷. 山东分卷/王诗晓,郭振文,金源编著. —南京:东南大学出版社,2017.9
 ISBN 978-7-5641-7436-1

Ⅰ. ①中… Ⅱ. ①王… ②郭… ③金… Ⅲ. ①墓室壁画—研究—山东 Ⅳ. ①K879.414

中国版本图书馆 CIP 数据核字(2017)第 223863 号

出版发行:东南大学出版社
社　　址:南京市四牌楼 2 号　邮编:210096
出 版 人:江建中
网　　址:http://www.seupress.com
电子邮箱:press@seupress.com
经　　销:全国各地新华书店
印　　刷:江苏凤凰扬州鑫华印刷有限公司
开　　本:889mm×1194mm　1/20
印　　张:8
字　　数:156 千字
版　　次:2017 年 9 月第 1 版
印　　次:2017 年 9 月第 1 次印刷
书　　号:ISBN 978-7-5641-7436-1
定　　价:52.00 元

本社图书若有印装质量问题,请直接与营销部联系。电话(传真):025-83791830

江苏"十三五"重点出版物出版规划项目

江苏省文化产业引导资金文化艺术精品补助项目

前　言

汪小洋

丝绸之路，顾名思义就是与丝绸相关的贸易之路。历史长河的漫漫岁月中，这条贸易之道早已成为沿路各方文化交流的通衢大道，在商贸之外还承担了军事、政治和民族等多方面的东西方文化交流，乃至南北方文化交流的历史重担。"大漠孤烟直，长河落日圆"，这是通衢大道的自然形态，也是艺术家眼中美轮美奂的景象。诗人笔下的丝绸之路是如此的遥远，也是如此的神秘，也因此而成为一条充满豪情、弥漫浪漫和令人翩翩浮想的艺术大道。在这里，除了人们耳熟能详的边塞诗歌、佛教石窟之外，墓室壁画也为丝绸之路奉上了一串璀璨明珠。

丝绸之路由官方正式开启的时间是汉武帝时期，史称"凿空"。汉武帝派遣张骞两次出使西域，最初的目的是联合大月氏共同打击匈奴而解边患，这显然是一个军事活动。之后，丝绸之路更加畅通，军事活动、商业活动、宗教活动、艺术活动，乃至民族迁徙，东西方之间的各种文化交流成为常态。《尚书·禹贡》记："东渐于海，西被于流沙，朔南暨，声教讫于四海。"从中国本土文化的发展看，东渐西被可以用来形容丝绸之路上的文化交流走向。

在丝绸之路的东西文化交流中，人们常常讨论东渐的外来文化，而对西被的本土文化则关注不多。其实，借助东方大帝国的强大政治和军事力量，以及悠久历史建立起来的高度文明，本土文化在丝绸之路的文化交流中有着明确的主导性，东渐的外来文化可以获得最大限度的包容并被迅速本土化，西被的本土文化也可以声教讫于四海而到达遥远的地方。丝绸之路上的墓室壁画也是这样，一方面，有东渐的外来文化，也有西被的本土文化，但在这一载体上进行的文化交流中，本土文化占主导地位；另一方面，墓室壁画完全是在重生信仰指导下完成的艺术行为，因此墓室壁画中本土文化的主导性更强。这样的语境下，墓室壁画描述重生信仰的宗教体验，墓室壁画成为汉以后最纯粹的本土宗教艺术载体，也因此使我们能够在认识佛教东渐并全面影响我国传统文化的时候有一个明确的参照系。这一现象的存在，是墓室壁画对中国传统文化的一个重要贡献。

从中国传统艺术发展史看，墓室壁画有着很高的艺术价值。中国传统绘画有两种流传方式：一是传世作品，一是考古作品，考古作品主要来自墓室壁画。墓室壁画是考古作品，因此这一美术作品的可靠性大大提高；同时，已有考古成果的绘画面积逾万平方米，墓室壁画体量是如此巨大，这是其他绘画类型所不可企及的。

从考古成果看，中国墓室壁画的遗存近一半在丝绸之路上，时间上也是从西汉沿革到清代，贯穿始终。中国墓室壁画有彩绘壁画、砖石壁画、帛画、棺板画等类型，这些类型的遗存在丝绸之路上都有发现，并且达到了很高的艺术水准。中国最早的黄帝图像和最早的山水画图像等，也都是出现在墓室壁画中。此外，墓室壁画具有非常突出的综合性艺术价值，可以提供宗教美术、美术考古，以及建筑、材料等各方面的历史信息，这些都是以史为证的支撑材料。

从世界艺术发展史看，中国墓室壁画也有着独特的贡献。目前墓室壁画遗存集中的只有三个国家，就是中国、埃及和墨西哥三国。埃及墓室壁画比中国早，法老时代走向辉煌，但之后希腊、罗马统治时代就式微了。墨西哥墓室壁画发展很晚，后来也被西方殖民主义者打断了。中国墓室壁画自西汉开始一直沿革到清代，从帝王到平民的各个阶层都曾以极大的热情参与墓室壁画的丧葬活动之中，并且地域分布广泛。从艺术发展的连贯性和广泛性看，中国墓室壁画具有世界性的不可比拟的价值。

墓室壁画是中国较纯粹的本土传统艺术，也是具有世界不可比拟的传统艺术，当然也是丝绸之路上的一座叹为观止的艺术高峰。

2017 年 3 月于东南大学

Preface

Wang Xiaoyang

The Silk Road was an ancient network of trade routes, linking China with the West. In history, the Silk Road was a main thoroughfare for the exchange of culture and goods between the East and West and between the North and the South as well. 'Over the Great Desert, a lone straight column of smoke rises up; On the long river, the setting sun is round.' The above two lines from a poem by the famous poet and painter Wang Wei (701—761) vividly depict the natural environment and beautiful landscape of the Great Desert along the Silk Road. The Silk Road under the pen of Wang Wei appears remote and mysterious; indeed, it is a great road of art filled with enthusiasm, romanticism and inspiration. Here, apart from the well-known frontier poetry and Buddhist grottoes, tomb murals offer themselves as a long string of shining beads threading through the Silk Road.

The Silk Road, known in history as *zaokong* or '(a road) chiseled out of nothing', was officially opened during the reign of Emperor Wu of the Han Dynasty (141 BC-87 BC) The Emperor dispatched Zhang Qian (114 BC) to the Western Regions twice with a view to forming allegiance with the Tokharians to fight against their common foe—the Xiongnu. The mission undertaken by Zhang Qian to the Western Regions was obviously a diplo-military one. From then onwards, the Silk Road became an ever-increasingly open and free road for commercial, religious and artistic activities, and ethnic migrations and East-West cultural communications along the Silk Road grew to be a normal phenomenon. The 'Tribute of Yu' of the Book of Documents notes: 'Reaching eastwards to the sea; extending westwards to the moving sands; to the utmost limits of the north and south; his fame and influence filled up (all within) the four seas'. From the perspective of native Chinese culture, 'reaching eastwards and extending westwards' is a true portrayal of cross-cultural communications along the Silk Road.

When talking about the East-West cultural exchange, people tend to focus on foreign cultures reaching eastwards to China with little attention given to Chinese culture extending westwards. Actually, backed by the politico-military forces of the powerful empire in the East and its long-lasting highly developed civilization, Chinese culture played an absolutely dominant role in the exchange of culture along the Silk Road: foreign cultures from the West were quickly sinicised and absorbed into Chinese culture; and Chinese culture extended as far as the four seas and made its influence felt in extremely remote areas. This is also the case with murals found in the tombs along the Silk Road. On the one hand, there are not only elements of foreign cultures from the West in the tomb murals but also elements of native Chinese culture, which feature more prominently in the murals; on the other hand, the tomb murals resulted from the artistic activities conducted entirely in line with Han Chinese belief in the afterlife, hence the dominant role of Chinese culture in creating tomb wall paintings. In this context, Han tomb murals describe the religious experience of the afterlife; they have been the purest conveyor of native Chinese art since the Han Dynasty, for they provide a well-defined reference system by which to compare and contrast with the Chinese traditional

art created under the influence of Buddhism from the Western Regions. This is the great contributions of Han tomb murals to traditional Chinese culture.

Tomb murals have very high artistic value from the perspective of the historical development of Chinese art. There are two types of traditional Chinese paintings—those handed down from ancient times, and those excavated from archaeological sites that come mostly in the form of tomb murals. As archaeological artifacts, tomb murals are more reliable fine art works from ancient China compared with paintings handed down to us. Moreover, murals that have been found so far in excavated tombs cover a total area of more than ten thousand square metres, which has been unmatched by any other form of paintings from ancient China.

Nearly half of the tomb murals are found from the burial sites along the Silk Road that span more than 2,000 years from the Western Han Dynasty (206 BC—25 AD) till the Qing Dynasty (1644—1911). Chinese tomb murals mainly come in such forms as coloured paintings on walls, paintings on stones, bricks and silk, and on coffin boards as well, as shown in the numerous archaeological finds along the Silk Road, and have reached a very high artistic level. The earliest known portrait of Huangdi (the Yellow Emperor) and landscape paintings were all drawn on tomb walls. Besides, tomb murals have an enormous value as an comprehensive art. They contain historical information regarding religious fine art, fine art archaeology, architecture, building material, etc., and provide material evidence for history as documented in written texts.

Chinese tomb murals make a unique contribution to the historical development of the world's fine art. Archaeological finds of tomb murals are concentrated in China, Egypt and Mexico. Tomb murals from ancient Egypt are older than those from ancient China. They flourished most of the time of the pharaohs (3050 BC—30 BC), and declined when Egypt came under Greek and Roman rule. Mexican tomb murals developed later than their Chinese counterparts, but their development was interrupted by Western colonialists. In contrast, tomb mural paintings began to appear in China during the Western Han Dynasty and continued to be drawn into the Qing Dynasty. People of all walks of life from emperors and kings to commoners were enthusiastically involved in tomb mural related funeral activities. Chinese tomb murals enjoy wide distribution and historical continuity. As the purer form of native Chinese art, they are of matchless value in the treasures of art in the world. And of course, they are a peak of Chinese art on the Silk Road.

March 2017
Jiulonghu Campus, Southeast University
Nanjing, China

目　录

前言
Preface

第一章　概述 1
　第一节　地域界定 2
　　一、历史上山东的行政区划 2
　　二、当代山东的行政区划范围 3
　　三、本书范围 4
　第二节　遗存梳理 5
　　一、遗存的总体数量 5
　　二、遗存的地域分布 7
　　三、遗存阶段分布 7
　第三节　形制类型 9
　　一、墓室形制类型 9
　　二、壁画形制类型 10
　第四节　题材内容 10
　　一、历史故事类 11
　　二、现实生活类 12
　　三、宗教类 13
　　四、装饰类 15
　第五节　丝绸之路的影响 15

一、历史上，山东与海上丝绸之路的关系	15
二、本地区重要墓葬与丝绸之路的关系	17

第二章　兴盛期的墓室壁画　　21

第一节　汉代的墓室壁画　　22
　　一、遗存梳理　　22
　　二、形制类型　　22
　　三、题材类型　　24
第二节　魏晋南北朝墓室壁画　　48
　　一、遗存梳理　　48
　　二、形制类型　　48
　　三、题材类型　　49
第三节　丝绸之路对兴盛期墓室壁画的影响　　64

第三章　繁荣期的墓室壁画　　66

第一节　隋唐墓室壁画　　67
　　一、遗存梳理　　67
　　二、形制类型　　67
　　二、题材类型　　69
第二节　宋代墓室壁画　　75
　　一、遗存梳理　　75
　　二、形制类型　　75
　　三、题材类型　　76

　　第三节　金代墓室壁画　　　　　　　　　　　　88
　　　　一、遗存梳理　　　　　　　　　　　　　　88
　　　　二、形制类型　　　　　　　　　　　　　　88
　　　　三、题材类型　　　　　　　　　　　　　　90
　　第四节　元代墓室壁画　　　　　　　　　　　　104
　　　　一、遗存梳理　　　　　　　　　　　　　　104
　　　　二、形制类型　　　　　　　　　　　　　　105
　　　　三、题材类型　　　　　　　　　　　　　　107
　　第五节　丝绸之路对繁荣期墓室壁画的影响　　　142

第四章　衰退期的墓室壁画　　　　　　　　　　　143
　　第一节　清代的墓室壁画　　　　　　　　　　　144
　　　　一、遗存梳理　　　　　　　　　　　　　　144
　　　　二、形制类型　　　　　　　　　　　　　　144
　　　　三、题材类型　　　　　　　　　　　　　　145
　　第二节　丝绸之路对衰退期墓室壁画的影响　　　147

第一章 概述

中国丝绸之路上的墓室壁画

丝绸之路是中国和欧亚大陆其他国家和地区,甚至包括非洲等地区之间的经济贸易的桥梁,同时也是东西方文化交流的重要通道,对推动人类文明进步产生了深远影响。

山东是丝绸之路上的重要地段,自古以来就是中国对外交流的一个重要窗口。由区位优势看,山东西接陆上丝绸之路中心地区河南,是陆上丝绸之路的东端区域,同时又隔黄海与朝鲜半岛、日本列岛等遥遥相望。这种得天独厚的地理位置,使得山东成为同时兼有陆上和海上丝绸之路的地区,是中国古代对外文化交流的重要区域。

然而,纵观中国丝绸之路研究史,学术界在研究过程中始终将关注的重点放在河南、陕西、甘肃、新疆等陆上丝绸之路的中部、西部大省,在海上丝绸之路研究中又侧重于南方海上丝绸之路,而对同时兼具陆上和海上丝绸之路的山东省,则关注较少。从历史上看,山东地区自新石器时代晚期开始就与朝鲜半岛、日本列岛有经济交往,在此后数千年的中华文明发展历程中,其一直都作为陆上和海上丝绸之路上的桥头堡,在古代中国与异域文明之间进行的物质文化和精神文化交流方面具有十分独特的地域优势。正是基于此,本书试图从"东方陆海丝绸之路"的角度着眼,探讨自西汉以降到清末民初约两千年间山东地区墓葬艺术的发展和贡献。

第一节 地域界定

一、历史上山东的行政区划

今天山东省包括《禹贡》中的青州南部和徐州东部,但历史上山东的辖区远不止一省,其范围北至河北,西至河南,东至山东,南至江苏,是一个横跨五省的广大地区。"齐""鲁"二字最早起源于西周初年的两个封国——齐国与鲁国。当时东部沿海的殷人及夷人不服西周统治,屡屡发生暴乱,西周统治者为巩固国家政权,派周公旦平定叛乱并将姜子牙和周公旦分封于今天山东省东北部及东南部,分别建立齐国和鲁国。到春秋初期,齐国已经由以营丘为首都方圆仅百里的东海小国壮大为"东至海,西至河(古黄河),南至穆棱(今沂水县),北至无棣"的大国。鲁国初期属地百余里,居泰山之阳,定都曲阜,至春秋时期,鲁国疆域不断扩大,其范围包括山东南部、安徽大部及江苏部分地区,横跨三省。

以"山东"冠名的行政区划,在不同时期所代表的地域范围是不同的。自春秋起,"山东"地区所代表的地域范围有不断缩小的趋势。王勇、王全成的《齐鲁文化》有比较详细的梳理,他们认为:春秋时期,人们习惯将太行山以东称为"山东"。战国时,秦国占据关中(又名关中平原,是指中国陕西秦岭北麓的渭河冲积平原),"将崤山和华山以东地区称为山东"。汉代,结束了自春秋起到战国约600年分裂割据的局面,国家空前统一,西汉以州作为行政区划,根据地方特点对不同区域进行命名,将齐鲁之地始称山东,自此山东才与齐鲁画上等号。"唐和北宋年间,山东这一词汇的外延再次得到扩大,成为包括现在山东地区在内的,太行山以东所有地区的代名词。"① 清人叶圭绶《续山东考古录》(卷一)记载:"山东之称,古或指关东言,或指太行山以东言,不专指今山东也。"②

据考证,宋时,现在山东地区分属于京东东路及京东西路,宋灭亡后,元开始将京东东路改名为山东,就此开始,山东成为独立的行政区划。明代以降,行省制度得以确立,至清代齐鲁之地正式成为山东省,且一直沿用至今。

二、当代山东的行政区划范围

如今山东地区主要是指中国东部沿海及黄河下游大部地区,总面积为15.67万平方公里,约占全国总面积的1.6%,其地理区域又分为半岛及内陆两部分。

---

① 王勇、王全成:《齐鲁文化》,时事出版社,2008年第1版,第1-2页。
② 安作璋:《山东通史》,人民出版社,2009年第1版,第1页。

山东半岛是中国第一大半岛，历史上，山东半岛又有大、小山东半岛之分。大山东半岛北部应至河北省黄骅市以南寿光小清河口附近，南部应至江苏连云港市以北日照岚山口与岚山头苏鲁交界处。小山东半岛多指山东省泰山和济南以东地区，其范围包括青岛、烟台、威海全部以及潍坊、日照、东营、滨州大部，凸出于黄海、渤海之间，与辽东半岛隔海相望。由于行政区划的习惯，本书所提山东半岛多指小山东半岛。

山东内陆地区西部为黄淮海三河交汇冲积平原，与中原接壤，从北向南分别与河北、河南、安徽、江苏四省接壤；中部山地突起，地势高凸，西南、西北部低洼平坦，"构成以山地丘陵骨架，平原环绕其外，盆地交错其间的地形大势"。①

三、本书范围

本书的讨论范围以目前的行政区划为主。

从现有考古材料和文献记载可以大体判断，壁画墓多分布在与中原地区相接壤的黄淮海冲积平原上，以及鲁西南和鲁西北地势低洼平坦地带。从壁画墓分布密度看，其区位特征呈现自西向东逐渐递减的趋势。究其原因，主要有以下几点：

首先，山东省的地理特征决定着壁画墓的分布特征。壁画墓主要集中地如济南、聊城、潍坊等都分布在山东西北部地势较为平坦的黄淮海三河冲积平原上或分布在西南部较为低洼的平坦丘陵地带，而山东中部地势高凸、岩石多裸露，土层较薄的山地地带却偶有壁画墓分布。

其次，山东省的人口迁徙决定着壁画墓的分布特征。东汉以降，"山东地区虽然遭受到战争的沉重打击和破坏，但与处在战乱核心地带的河南、河北等中原地区相比，受害相对要轻一些"。② 因此中原人口大量外迁至山东中西部，间接促进了墓室壁画的发展。

最后，山东省境内宗族集团区位特征决定着壁画墓分布的特征。大氏族集中地区，

---

① 张学海：《考古学反映的山东古史演进》，山东文艺出版社，2004年第1版，第2页。
② 赵凯球、马新：《山东通史·魏晋南北朝卷》，人民出版社，2009年第1版，第1页。

壁画墓分布也相对集中。例如，两汉至南朝时期，王姓宗族多集中在琅琊郡和东海郡，而分属两郡的今临沂地区在同一时期的壁画墓分布较为集中。又如孔姓宗族多分布在鲁国（今曲阜地区），而壁画墓数量与该姓氏分布人口数呈现正相关。因此，可以推断，大宗族所在地，壁画墓数量更多，墓葬的分布也更为集中。

第二节 遗存梳理

山东是考古大省，考古工作硕果累累，伴随着现当代考古事业的发展，田野调查与考古发掘所得到的壁画资料将越来越丰富。

一、遗存的总体数量

中国传统绘画的基本要素早在战国时代已经形成，山东地区早期墓室壁画前承战国荆楚墓葬绘画遗风，同时与西汉早期南楚故地墓葬绘画联系紧密①。根据现有考古材料可知，山东地区墓室壁画起源较早，大约始于西汉汉武帝时期（前140～前87）的"山东临沂金雀山九号汉墓"，最晚应至清光绪三十三年（1907）的"山东济南新区埠东村清末壁画墓"，其时间跨度约两千年。从壁画墓发掘数量看，山东地区迄今为止共发现壁画墓（包括帛画墓、画像石、画像砖墓、壁画墓）101座。各代具体分布如下：

山东地区见诸考古报告、简报、调查记录、通讯的西汉中期帛画墓有5座，即山东金雀山4号、9号、13号、14号、31号汉墓。至西汉中晚期，竖穴木椁逐渐被砖、石筑横穴石室墓代替，画像石墓逐渐取代帛画墓成为主流。西汉后期画像石墓包括山头村汉代画像石M1墓，山东染山西汉画像石墓等。至东汉，画像石墓进一步发展，不仅壁

---

① 贺西林、李清泉：《中国墓室壁画史》，高等教育出版社，2009年12月第1版，第5页。

画内容变得极为广泛，举凡天文、地理、人事、神灵，无不涵盖，而且绘画技巧日趋精进，表现形式异常丰富。据统计，这一时期画像石墓有 39 座，其中典型者如济南青龙山汉画像石壁画墓、山东高庄汉画像石墓等。与之相对应，东汉壁画墓仅发现 3 座，山东东平 1 号、12 号和 13 号壁画墓，这一时期的壁画墓无论从数量上还是从规模上看，都远不及画像石墓。

魏晋南北朝时期，墓室壁画在秉承汉代传统基础上，与时俱进，不断融入外来式样与时代新风，形制日趋规范、技艺渐臻成熟①。这一时期，甬道两壁气势壮观的卤簿仪仗图及墓室正壁墓主画像跃居主流题材，绘画理念、审美情趣较汉代墓室壁画流露更加世俗化倾向。已发现这一时期的壁画墓有 7 座，包括山东寿光李二村贾思伯墓、济南马家庄北齐祝阿县令墓、山东临朐崔芬墓等。

隋唐五代时期，墓室壁画广泛流行，贵族、官僚、帝王墓葬普遍绘制大型墓室壁画，并逐渐成为陵墓等级制度的重要标志，鞍马、宫苑、侍女、出行、仪式、列戟等题材大为流行，成为区分墓葬等级的符号。山东地区属于这一时期的壁画墓有 5 座，包括济南隋代吕道贵兄弟墓、山东嘉祥英山一号隋墓等。

山东地区发现大量两宋时期壁画墓，壁画内容多涉及平民生活的衣食住行和文化娱乐，艺术表现上有两方面特别突出，一是壁画题材平民化，一是形制上仿木结构普遍运用②。迄今为止已发现属于两宋时期的壁画墓有 11 座，包括济南山大南校区宋代砖雕壁画墓、山东莱州西山壁画墓等。

金代早期土葬无棺，不封不树。灭辽、北宋后，朝野上下深受汉文化浸染，墓葬承袭北宋遗风，墓内多仿木结构砖雕、壁画，但图像特征独树一帜，承袭边疆地区图像风格。山东地区金代壁画墓有 7 座，包括山东淄博市博山区金代壁画墓等。

元代是中国历史上第一个少数民族建立起来的大一统王朝，建朝初期，统治者采取

---

① 贺西林、李清泉：《中国墓室壁画史》，高等教育出版社，2009 年 12 月第 1 版，第 63 页。
② 汪小洋：《中国墓室壁画繁荣期讨论》，《民族艺术》2014 年第 4 期。

"祖述变通"和"效行汉法"的治国方略，文化交流上从以中原地区文化为主导方面转化为以边疆地区文化为主导。在此背景下，壁画墓绘画内容表现一些异域壁画题材。山东地区迄今为止已经发现的元代壁画墓23座，包括济南市历城区1号墓、济南市历城区2号墓、山东章丘县3号墓等。

清代壁画墓呈现一副衰败面貌，数量少，规模小，艺术品位不高，壁画墓形制、表现内容、壁画题材沿革前代主要特征，宗教信仰依然表现为重生信仰。山东地区清代壁画墓共发现1座，为济南高新区埠东村清代壁画墓。

二、遗存的地域分布

从地域分布的情况来看，山东省共有14座城市分布有壁画墓，最多的城市是济南市，墓葬尤以汉代为多，且多为汉画像石、画像砖墓。其次是与中原相近的黄淮海冲积平原地区，包括聊城、滨州、泰安、济宁、淄博、临沂、枣庄等7市，墓葬较为集中分布。墓葬壁画形制以彩绘壁画为主，画像石、画像砖墓数量其次，多集中在两汉时期。最后是深入海洋的山东半岛地区，墓葬集中在潍坊、日照、烟台3市。

另外，山东墓室壁画中，益都北齐线刻墓首次出现中外商贾进行商谈的场面，尤为过去所未见。过去，丝绸之路公认始自长安，现在山东益都这批线刻画的发现，反映了古代山东省亦是丝绸之路的重要节点之一。这是山东地区的特殊贡献。

三、遗存阶段分布

墓室壁画兴起于西汉，其发展经历兴盛期、繁荣期和衰退期三个阶段，对应的朝代分别是汉魏晋南北朝时期、隋唐五代宋元时期和明清时期。① 具体到山东地区，墓室壁画发展大致与中国墓室壁画发展史相同，也经历了兴盛期、繁荣期、衰退期三个阶段。

---

① 汪小洋：《中国墓室壁画兴盛期图像探究》，《民族艺术》2014年第3期。

第一阶段：墓室壁画兴盛期

两汉时期，画像石成为墓室壁画的主流表现形式，尤其在东汉后期，山东地区画像石发展达到极致，场面宏大、题材丰富、数量惊人是这一时期画像石的主要特点。在魏晋南北朝时期，墓室壁画逐渐取代画像石成为主流，这一时期重生信仰继续发展，佛教东传中原，墓室壁画流露出佛教影响的痕迹。

从数量上看，两汉时期山东地区共发现壁画墓47座，其中西汉壁画墓5座，东汉壁画墓42座。魏晋南北朝时期壁画墓主要集中在北魏、北齐时期，其他时期没有发现。其中，北魏时期壁画墓2座，北齐时期壁画墓5座。

第二阶段：墓室壁画繁荣期

隋唐时期，山东地区的墓室壁画风格一方面承袭了魏晋南北朝时期的传统，同时更多地融入了中原地区墓葬壁画的内容，世俗生活成为这一时期墓室壁画的主流，受丝绸之路的影响，胡风、胡俗进入本地区，西域文化影响是这一时期的主要特点。至宋辽金元时期，壁画形制发生一些新现象，砖雕、线刻大量出现，仿木门楼、装饰纹样数量极为可观。

从阶段性上看，山东地区在繁荣期各阶段的壁画墓数量分布不均，属于隋唐时期的壁画墓数量最少，属于宋元时期的壁画墓数量最多。具体来说，山东地区繁荣期墓室壁画数量总体呈现递增趋势，至元代，墓室壁画数量达到唐宋以来最高时期。

第三阶段：墓室壁画衰退期

这一时期山东地区的墓室壁画极少，见于公开报道的仅有1处，为济南市郭店镇发现的光绪年间壁画墓，该墓葬系券顶砖室墓。墓室由青砖砌成，在四周墓壁的下方，配有11幅画有梅花、松树、山石等的水墨画，虽然画面工艺看上去不算精致，可能出自民间画匠之手，但保存非常清晰完整。

第三节 形制类型

一、墓室形制类型

东汉前期多为画像石墓,墓葬规模不大,大多数为砖石混筑及土圹券顶墓,也有部分空心砖砌筑墓。东汉中晚期墓葬形制发生变化,这一时期墓室形制特点为墓道、甬道、墓室齐备,单室墓逐渐被多室墓取代,但单个墓室面积不大,如山东东平汉壁画M1、M2墓等。东汉后期至三国时期墓葬形制得到了空前发展,从墓葬形式及结构看,"大、中、小型单室和多室墓齐备"①,其中又以大、中型多室墓为主,如山东梁山东汉纪年墓等。

魏晋壁画墓主要为北齐墓,均为石砌单室墓,墓葬结构较为简单,由墓道、甬道、墓室三部分组成。其中山东寿光李二村贾思伯墓、济南市东八里洼北朝墓为穹窿顶,其他墓葬均为长方形平顶。

隋唐壁画墓墓葬形制主要为砖砌的单室或双室墓,根据建筑结构不同,又可以分为竖穴砖砌单室墓和穹窿顶砖砌单室墓等。如山东嘉祥徐敏行夫妇墓,墓为圆形单室砖券,穹窿顶,由墓道与墓室组成。

北宋壁画墓形制主要为仿木结构砖砌单室墓,目前发现年代最早的北宋壁画墓为济南山东大学砖雕壁画墓,是仿木结构圆顶砖室壁画墓,由墓道、甬道、墓室组成。

辽代壁画墓形制与北宋壁画墓形制基本相同,多为仿木结构圆顶砖室墓,结构也类似,由墓道、甬道、墓室组成,如山东高唐县金代虞寅壁画墓等。

---

① 金维诺:《中国墓室壁画全集》,河北教育出版社,2011年第1版,第21页。

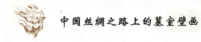

元代壁画墓形制多为单室墓，墓室为圆形砖雕结构，由墓道、门楼、甬道、墓室组成，如济南市司里街元代砖雕壁画墓。

山东地区发现的唯一一座清代壁画墓系由砖、石、三合土混合砌筑而成，分前、后两个墓室，由墓道、墓门、甬道、前室、后室组成。

二、壁画形制类型

由于墓葬空间的封闭性，使墓室壁画形成了有别于传世绘画的独立图像体系。墓葬建筑表示重生空间，在有限空间内，象征性指导下，完成由生到死、由死到生的宗教信仰体验，这需要每一部分空间具有明确的重生指向性。因此，墓葬空间决定墓葬绘画形制，这既是有限物质空间的局限性需要，也是宗教信仰表达的需要。每一种壁画形制对应一种表达，山东地区壁画形制主要具有以下几种类型：

其一，帛画墓。多出现在西汉时期，进入东汉以后逐渐被画像石、画像砖、墓室壁画取代，如山东临沂金雀山 4 号、9 号汉墓等。

其二，画像石墓。墓葬遗存时间横跨西汉、东汉两个时期，主要存在于东汉时期，其他时期偶有分布，如平阴县南李山头村元代石刻壁画墓等。

其三，壁画墓。这种绘画形制持续时间最长，分布地域最广，如山东淄博市博山区金代壁画墓、济南市历城区 1 号墓等。

其四，线刻画。这种绘画形制兴起于魏晋南北朝时期，至宋辽金元达到顶峰。这一时期，墓室绘画的主要形制为砖雕线刻与壁画相结合，如平阴县南李山头村元代石刻壁画墓等。

第四节 题材内容

墓室壁画内容极其丰富，几乎涵盖当时社会的各个生活领域，包括现实生活、社

会、宗教等。因此，要从某一角度对它们进行准确分类是困难的。金维诺主编的《中国墓室壁画全集》将墓室壁画的内容分为三大类：历史故事、居家生活、宗教祥瑞等。①汪小洋主编的《中国墓室绘画研究》按照内容性质区分，大致分为五类：历史故事、现实生活、宗教、装饰、其他。②综合各家观点，我们将山东地区历史上的墓葬壁画内容归纳如下：

一、历史故事类

山东地区墓室壁画中的历史故事具体分为以下几类：

二十四孝图。山东地区二十四孝图最早兴起于汉代，魏晋以后逐渐成为墓室壁画题材的主流。如平阴县南李山头村元代石刻壁画墓出土画像石主要表现曾参心痛感啮指、孟宗哭竹、杨香打虎救父、蔡顺桑葚感强寇等二十四孝题材。③

胡汉战争图。胡汉战争题材多见于中原地区汉画像石墓中。如邹城高李村汉画像石墓第四石表现胡汉战争场面，画面表现"五步卒，其中二人执弩，三人肩扛卜字形戟。下层左部二骑吏厮杀，居左者戴尖顶帽，执弓，居右者戴进贤冠，双手持卜字形戟前刺，两马之间跪一步卒。后一骑吏执弓策马奔驰。马下躺二战死步卒，皆无首。再后为一辆辎车和一辆轺车，辎车三马牵挽，轺车一马牵挽。最后为二骑吏，戴武弁大冠"。④此外，山东长清大街村汉代画像石M1墓也有类似图像。

孔子见老子图。"孔子见老子"是山东地区画像石频繁出现的一个主题。如泰安大汶口汉画像石墓第六石，东前室墓门门楣刻孔子见老子图，"其中第二人身材高大，头戴进贤冠，身着袍服，手中拄一拐杖，躬身拱手而立。此人当为老子。左起第一人戴进

---

① 金维诺主编：《中国墓室壁画全集》，河北教育出版社，2011年第1版，第3-11页。
② 汪小洋主编：《中国墓室绘画研究》，上海大学出版社，2010年5月第1版，第1-6页。
③ 刘善沂：《山东长清、平阴元代石刻壁画墓》，《文物》2008年第2期。
④ 邹城市文物管理处：《山东邹城高李村汉画像石墓》，《文物》1994年第6期。

贤冠，着袍服，腰佩长剑，广袖内装一鸟，躬身拱手于胸前，面微仰。上方榜题'孔子'"。①

泗水取鼎图。如山东邹城市卧虎山汉画像石墓北椁板画面分上下两层，其中右格下层画像为泗水取鼎图，"图中刻二立柱，上置滑轮，左右斜坡状桥面上各有四人用绳拉鼎，内有蛟龙伸头咬断绳索。桥下有一船，船内二人皆一手持桨，一手用力托鼎"。②山东邹城高李村汉画像石墓等也出现相同题材图像。

此外，还有表现儒家忠义思想的"豫让刺赵襄子"，表现贞洁烈女的"鲁义姑"，表现历史故事、神话传说的"羲和捧日""伯乐相马"等墓室壁画。

二、现实生活类

现实生活类是墓室壁画中反复出现的一个主题，又可分为车马出行、墓主居家生活、庄园生产、楼堂建筑等不同内容。中国墓葬文化中"视死如生的观念，促使其生死观中的现实生活主题在墓室绘画的图像主题中更加显得丰富和生动"。③

车马出行图。在各代壁画墓中，车马出行作为具有明确意义的图像反复出现，一方面，表现墓主人的仕途经历；另一方面，表现墓主人由"此岸"到"彼岸"这一时空转换过程。如济南青龙山汉画像石墓前室西墙壁画画面自右（北）向左（南）有"二车行驶，前车只见两轮；后车为一马拉的轺车，马作昂首奔驰状"。④

庖厨乐舞图。庖厨图是汉画中常见题材，有汉人喜宴饮的社会背景。"古人贵燕食，每食必奏乐，飨宴被视为地位与财富的显示，也是一种综合娱乐活动。"⑤如卧虎山汉墓画像石 M2 墓南椁板内侧画面中间画 13 人，"其中二人单腿立杆转身对舞，长袖飞

---

① 程继林：《泰安大汶口汉画像石墓》，《文物》1989 年第 1 期。
② 邹城市文物管理局：《山东邹城市卧虎山汉画像石墓》，《考古》1999 年第 6 期。
③ 汪小洋主编：《中国墓室绘画研究》，上海大学出版社，2010 年第 1 版，第 46-64 页。
④ 济南市文化局文物处：《山东济南青龙山汉画像石壁画墓》，《考古》1989 年第 11 期。
⑤ 汪小洋主编：《中国墓室绘画研究》，上海大学出版社，2010 年第 1 版，第 24 页。

扬；一人在横杆右侧，与右侧舞者衣袂相连。另一双腿倒挂于杆上，头向下，双手抚下垂头发。顶杆左、右两侧各有一人作垂立状。中部横杆下有一人，双手抓杆。斜索上左、右各有一人，双腿并起高跷，双臂分开上扬，匍匐下滑，技艺惊险。画面左下、右下两角各有一人执矛蹲坐。此墓还有乐器演奏的画像石，北椁板外层中格画上层中间二人吹排箫"。①

　　墓主人像图。由画面构图看，墓主人通常居于画面的中间位置，其他画面多围绕墓主人图像展开。如益都北齐石室墓一件石刻中央"主人端坐于束腰坐墩上，头戴上翘折巾式冠，一长簪插于冠和发髻之中，身穿直裾肥袖便服，腰系革带，佩挂香囊，下穿紧腿裤，脚穿尖头软底皮靴。他左手执物半举，右腿盘于左膝之上，双目注视对面的商人"。②

三、宗教类

　　指导墓室壁画的宗教信仰是重生信仰。"重生信仰是我国传统文化中关于生死转化的一个信仰体系，以魂魄观念和祖先崇拜为核心观念，并包含了礼制、孝道、等级观念等传统文化内容，其终极实在是依托墓葬建筑而完成生死转化。"③ 而如佛教、道教等传统宗教信仰，在进入地下世界时，也都依附于这一宏大的信仰体系，帮助墓主人完成由生到死，再由死到长生这一转换过程。

　　山东地区墓室壁画中的宗教类图像具体分为以下两类：

　　其一，道教与重生信仰。

　　西王母图。西王母作为重生信仰的主要神灵，在墓室壁画中反复出现。如山东邹城市卧虎山汉画像石墓南椁板内侧右格"上层为西王母，头戴方胜，长发，着长裙，双手

---

① 邹城市文物管理局：《山东邹城市卧虎山汉画像石墓》，《考古》1999年第6期。
② 夏名采：《益都北齐石室墓线刻画像》，《文物》1985年第10期。
③ 汪小洋：《中国墓室壁画的重生信仰讨论》，《民族艺术》2014年第1期。

扶鸠而坐"。①

东王公图。在墓室内，东王公与西王母多成对出现，共同帮助墓主人完成生死转化。如山东临沂吴白庄汉画像石墓前室西过梁东面画像石刻"东王公肩生两翼、戴冠，端坐T形虎首高座之上"。②

金乌、蟾蜍、玉兔图。这些具有明确象征意义的图像，多伴随在东王公、西王母周围出现。如济南市马家庄北齐墓在穹窿顶绘北斗七星、南斗六星图像，星座与星座之间均有线连接。画面西方绘赭色太阳，"东方绘月亮，月内绘蟾蜍、桂树和玉兔捣药"。③

仙人、异兽、四神等都是墓室壁画的主要题材。如山东莱州西山M1壁画墓，墓室北壁绘一朱色门，在门的东西两侧分别绘一青龙、白虎形象，白虎蹲伏地上。④

莱州南五里村宋代纪年壁画墓，墓室东壁画面青龙为墨线绘制，头向南。墓室西壁画面为猛虎图，画面以墨线勾勒一只昂首翘尾的猛虎，头向南，昂首翘尾，目视前方，作奔跑状。⑤

其二，佛教。

东汉以降，具有明确佛教意义的图像开始出现在墓室壁画中。如益都北齐石室墓线刻画像中，有一幅明确表现佛教题材的线刻画出现。该幅线刻画雕刻内容为象戏图，"图上、下用流云纹带装饰。画面中心为一大象，象的头部有用玉璧、花束组成的笼套饰件，象背上驮一大型方座基，座栏有六根柱饰，柱头呈火焰状，方座下为覆莲饰。象前有一仆人牵引，仆人头戴巾子，穿斜领窄袖长衫，束圆圈纹腰带，带上挂短剑。画面

---

① 邹城市文物管理局：《山东邹城市卧虎山汉画像石墓》，《考古》1999年第6期。
② 管恩洁、霍启明、尹世娟：《山东临沂吴白庄汉画像石墓》，《东南文化》1999年第6期。
③ 济南市博物馆：《济南市马家庄北齐墓》，《文物》1985年第10期。
④ 闫勇、张英军、侯建业：《山东莱州发现两座宋代壁画墓》，《中国文物报》2014年7月4日第8版。
⑤ 闫勇、张英军、杨文玉、许盟刚、赵娟：《胶东地区首次发现宋代纪年壁画墓》，《中国文物报》2013年12月6日第8版。

上远方群山中有一座方形盈顶舍利塔，塔正面辟一门"。①

四、装饰类

装饰类纹样是墓室壁画的常见题材，是构成图像的基本要素。它们在墓内的布局已经基本定型，并逐渐形成了一套范式。这类装饰类图像常见的有莲花、双鱼纹、忍冬纹、蟠龙纹等。汉以后，装饰图像往往与佛教相关，如莲花图案、忍冬图案，这些图像，既是佛教对中国传统文化的影响，也是佛教本土化的反映。如山东东阿县邓庙汉画像石墓中室顶板画面出现"一朵巨大的莲花"②，英山一号隋墓、英山二号隋墓、山东宁津唐纪年墓出现大量装饰花卉纹样。

第五节 丝绸之路的影响

一、历史上，山东与海上丝绸之路的关系

山东是古代海上丝绸之路的重要起点之一，也是陆海两条丝绸之路的交汇点，如此在丝路的起源与发展过程中占有重要地位。根据文物调查，山东沿海发现大量古代港口、码头、沉船、航标等文物点，其中与海上丝绸之路相关的重要物质文化遗产约50处，分布于东部沿海青岛、烟台、威海、潍坊、日照等市③。

山东地区与海外的海上联系最早可以上溯到新石器时代晚期，有充分的考古资料证明，以山东地区为主的东夷文化与朝鲜半岛及日本列岛上的早期文化之间，存在着相当

---

① 夏名采：《益都北齐石室墓线刻画像》，《文物》1985年第10期。
② 陈昆麟、孙淮生，等：《山东东阿县邓庙汉画像石墓》，《考古》2007年第3期。
③ 王晶：《山东启动海上丝绸之路申遗》，《中国海洋报》，2015年12月1日第2版。

密切的交流，东部沿海地区流行的鸟崇拜传统和绳纹陶器，在日本列岛也同样流行，中国大陆上的稻作农业也是经由山东半岛向东传入朝鲜半岛和日本列岛的。到商周时期，山东半岛与海外诸国之间的往来更加密切和频繁，有专家考证，从周王朝至战国时代末，已经有相当部分中国人渡海来到日本①。稍晚之后发生的、被学术界认为是东方海上丝绸之路的重要事件的"徐福入海求仙"，应该就是以前人的东渡经验为依据的。《史记·秦始皇本纪》记载，公元前219年，秦始皇东巡，"齐人徐市等上书，言海中有三神山，名曰蓬莱、方丈、瀛洲，仙人居之。请得斋戒，与童男、童女求之。于是遣徐市发童男女数千人，入海求仙人"。

两汉时期，山东地区与东亚、东南亚等地人员交流日益密切，商业活动也日渐频繁。《后汉书·东夷列传》记载："马韩之西，海岛上有州胡国。乘船往来，货市韩中。"所谓州胡国，就是现在中国历称庙岛群岛的长山岛，是当时中韩海上交往的主要通道。

魏晋南北朝时期，曹魏政权"循海岸水行"与"三十国通好"，并进行了大量以丝绸为主要货物的朝贡贸易。《三国志·魏书·东夷传》记载：倭女王向魏明帝奉献物品"班布二匹二丈"，魏明帝回赠"龙锦五匹、绛地绉粟罽十张、蒨绛五十匹、绀青五十匹，答汝所献贡直。又特赐汝绀地句文锦三匹、细班华罽五张、白绢五十匹、金八两、五尺刀两口、铜镜百枚、真珠、铅丹各五十斤"。

隋唐两朝，山东成为到高丽国、渤海国的出关口岸。《新唐书·地理志》记载："入四夷之路与关戍走集最要者七，一曰营州入安东道，二曰登州海行入高丽渤海道，三曰夏州塞外通大同云中道，四曰中受降城入回鹘道，五曰安西入西域道，六曰安南通天竺道，七曰广州通海夷道。"

宋辽金元时期，山东半岛仍是海东诸国往返中国的必经之路，《文献通考·舆地考》记载："登州三面临海，祖宗时，海中诸国朝贡，皆由登莱。"

---

① ［日］宗左近：《日本美——绳纹的系谱》，新潮株式会社，1991年版。

元代，高句丽王频繁派人到山东半岛易货贸易，高句丽商人也越海到山东半岛"收起绵绢，到直沽里上船过海"。

明清两代，中央政府实行海禁，海外贸易中断，只有少数山东渔船还在与朝鲜等地进行"渔采贸易"。

二、本地区重要墓葬与丝绸之路的关系

山东自古纺织业发达，这为山东成为海陆丝绸之路的交汇点提供了物质保证。另一方面，山东的水运也为其提供了良好的基础。"山东有历史优势，自春秋起就开辟了与海东诸国贸易友好往来的'海上丝绸之路'，汉至魏晋又开辟了历史著名的'循海岸水行'的黄金通道，盛唐时期以山东为起点的海上丝绸之路空前繁荣并进入鼎盛时期。"①

由时间坐标维度看，山东地区墓室壁画兴起至衰亡时间与山东地区海上贸易起始至截止时间大致相同。因此，山东地区墓室壁画自然流露出海上丝绸之路影响的痕迹。

山东历史上与丝绸之路的关系紧密，具体讨论如下：

汉代

汉代，山东地区墓葬中已经出现了外来文化的元素，其中最为典型的就是山东沂南画像石墓和山东邹城高李村汉画像石墓，这两座墓葬中均出现了佛教人物形象。以后者为例，该画像石墓位于邹城市郭里乡高李村。墓葬建筑结构为全石砌结构，由一个前室以及两个后室组成。其中第三石画面刻一建鼓，鼓上竖立柱，柱上饰华盖羽葆。"建鼓左侧上部两排人正面端坐观舞，上排七人光头无冠，拱手。下排五人戴高冠，怀抱婴儿，左边三人一手还执有便面。下部一人端坐，双手上举，似执乐器，一人鼓瑟，一人挥长袖起舞。""第三石左上方刻六个光头的人物，身着肥大衣袍（或是僧侣袈裟），双手袖于胸前，盘腿而坐观看乐舞。参照滕州市房庄牛车载僧侣骑象图、邹城市黄路屯僧

---

① 刘凤鸣：《山东半岛与东方海上丝绸之路》，人民出版社，2007年第1版，第2-32页。

侣骑象图等资料,这六个光头人像有可能就是僧侣。"① 该墓葬中的"光头人物"②和沂南画像石墓葬中的"项光童子"表明,东汉时期佛教已经在山东局部地区传播,尽管我们还不能确定这些佛教人物形象是经由陆上丝绸之路还是海上丝绸之路传入山东,但这些佛教图像说明山东地区在两汉时期已经成为了丝绸之路上重要的一环。

魏晋南北朝

魏晋南北朝时期,山东地区重要的墓葬包括临朐崔芬墓和益都北齐石室线刻墓,这两座墓葬中的画像,或多或少都表现了这一时期丝绸之路文化艺术的影响,尤其是益都(山东青州)北齐石室墓。该墓葬位于山东省益都县(今山东青州市)城南3公里处,墓室呈长方形,由墓道、甬道、墓室三部分组成。考古工作者前后获得十余件石质椁板,椁板上均有石刻线画,其内容大致分为:商旅驼运图、商谈图、车御图、出行图、饮食图、主仆交谈图、象戏图等。"这批线刻描绘了许多生活细节。特别是商旅驼运图和商谈图更为珍贵。南北朝时期有关丝绸之路的情况,文字记载较多,而益都傅家村出土的这批北齐墓室线刻,则通过艺术形象体现出来。过去,丝绸之路公认始自长安,现在山东益都这批线刻的发现,反映了丝绸之路运输的物资来自全国各地。"③ 这些图像也从另一角度说明,山东是这一时期丝绸之路的重要节点。

隋唐时期

山东地区已发现的隋唐时期壁画墓不多,迄今为止见诸发表的仅有徐敏行夫妇墓,但其墓葬壁画内容却具有较高的文化价值。该墓葬位于山东省嘉祥县,墓系单室圆顶砖室墓,由墓道、墓门、墓室三部分组成。墓中壁画主要分为两部分,其一是天象图,蟾宫神话故事等宗教题材。第二部分为"徐侍郎夫妇宴享行乐图",描绘徐敏行夫妇的宴

---

① 邹城市文物管理处:《山东邹城高李村汉画像石墓》,《文物》1994年第6期。
② "光头人物"是否为佛教图像还存在争议。
③ 夏名采:《益都北齐石室墓线刻画像》,《文物》1985年第10期。

饮场面。"画上绛帐开启，悬垂于榻两旁。男左女右，正襟端坐木榻上，手中各执一高足透明杯，面前摆满果蔬食品，背后设一山水屏风。木榻两边各站两个侍女，榻前一人腰束皮带，带上系一球状物，正以舞蹈姿势做盘足踢跳状。"根据考古报告并结合相关背景可知，墓主人桌前舞者所跳舞蹈为"胡旋舞"。隋唐时期陆路丝绸之路达到顶峰，胡人文化借助丝绸之路通道由西域传入中原，并对中原地区的墓葬艺术产生影响。这些图像说明，山东地区在隋唐时期贸易发达、文化交流频繁，是丝绸之路的一个重要节点。

宋元时期

山东地区发现属于这一时期的墓葬较多，其中属于宋代的壁画墓包括：济南洪家楼宋元砖雕壁画墓、济南梁庄宋代壁画墓、栖霞宋代壁画墓、章丘女郎山宋代壁画墓、宾州北蔺村宋代壁画墓等①。其中，经正式刊布的有济南洪家楼宋元砖雕壁画墓，该墓葬位于济南市历城区，为圆形石砌筑单室穹窿顶结构。此外需要特别注意的是，在埠东村石雕壁画墓内，发现一幅具有典型草原文化元素的"启门图"。这幅启门图中："男主人及男仆人物衣冠服饰与汉人有别，为北方游牧民族装束。常见的妇人启门画面，在此墓变成了头戴圆形沿帽的男仆。"②由地域位置看，山东地处沿海，与内陆草原属于不同地理空间，并无交集，但是在埠东村石雕壁画墓中却出现了大量具有草原文化元素的墓室壁画图像，这是一个非常特别的文化传播现象。在这里，我们可以大胆推测，由于丝绸之路的逐渐繁荣，不同地区之间的文化交流日渐频繁，间接促进了不同民族间的文化融合。

元代的壁画墓与宋代相比数量多，而且分布也更为集中，主要位于济南市及其近郊区县。因为元代政权更迭和经济中心的转移，山东地区墓室壁画中外来因素比之前更加普遍。

---

① 牛加明：《宋代墓室壁画研究》，华南师范大学 2004 年硕士论文。
② 刘善沂、王惠明：《济南市历城区宋元壁画墓》，《文物》2005 年第 11 期。

明清时期

明清时期，由于受闭关锁国政策的影响，丝路影响基本消失。这一时期山东地区的墓葬壁画极少，见于公开报道的仅有一处，为济南市郭店镇发现的光绪年间壁画墓，该墓葬系券顶砖室墓。墓室由青砖砌成，在四周墓壁的下方，配有11幅画有梅花、松树、山石等的水墨画，虽然画面工艺看上去不算精致，可能出自民间画匠之手，但保存非常清晰完整。

第二章 兴盛期的墓室壁画

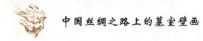 

兴盛期的墓室壁画指的是汉魏晋南北朝时期的墓室壁画,这一时期也是陆上丝绸之路的兴盛期。与此同时,海上丝绸之路也开始繁荣,山东地区与朝鲜半岛及日本列岛之间的海上交往也在持续。在本期的后半段,陆上丝绸之路向东延至山东地区,对这一地区的墓室壁画产生了较为明显的影响。

第一节 汉代的墓室壁画

一、遗存梳理

山东地区对汉代壁画墓进行了大规模的田野考察,始于20世纪70年代,经过近半个世纪的发掘清理,山东地区共发现汉代壁画墓47座,其中西汉壁画墓5座,东汉壁画墓42座。包括山东临沂金雀山汉墓、济南青龙山汉画像石墓、山东滕州市染山西汉画像石墓、山东平阴新屯汉画像石墓及泰安大汶口汉画像石墓等。

二、形制类型

(一)墓室形制类型

山东地区壁画墓主要有以下四种形式:其一为竖穴木椁墓;其二为竖穴土圹单室墓或石砌单室墓;其三为石砌及砖砌双室墓;其四为石砌多室墓。山东地区西汉壁画墓葬形制多为一棺一椁,新莽至东汉时期壁画墓规模不大,多为砖石混筑及小砖券筑,墓室结构除平顶斜坡和券拱外,又出现穹窿顶结构的墓室。东汉后期,从墓葬形制和建筑结构看,各方面都表现出丰富多样和发展变化的特点。这一时期,墓葬样式大、中、小型墓齐备,多为砖石混合结构,墓室布局变为一棺一室、两室甚至多室,主要由墓道、甬道、墓室三部分组成。

由清理发掘的墓葬数量看，截止到 2015 年，竖穴木椁墓共发现 5 座，分别为山东临沂金雀山 4 号、9 号、13 号、14 号、31 号汉墓。特别值得注意的是 31 号墓葬出现两层椁板结构，上有一层蒲帘覆盖，棺盖板厚 0.1 米，上面覆盖一幅帛画，因腐烂严重，难以复原。

竖穴土圹单室墓及石砌单室墓共发现 7 座，分别为山东滕州市山头村汉代画像石墓、山东邹城市卧虎山汉画像石墓、山东滕州高庄汉画像石墓等。

石砌及砖砌双室墓共发现 13 座，分别为山东平阴新屯汉画像石墓、山东邹城高李村汉画像石墓、山东泰安旧县村汉画像石墓等。

石砌多室墓共发现 24 座，分别为山东梁山东汉纪年墓、山东滕州市染山西汉画像石墓（图 2-1）、山东济南青龙山汉画像石壁画墓等。

（二）壁画形制类型

山东地区汉代墓室壁画主要分为三种形式：其一为汉墓帛画；其二为汉画像石、画像砖；其三为彩绘壁画。其中绝大多数为汉画像石、画像砖墓。

根据考古报告可知，帛画汉墓共发现 5 座，分别为山东临沂金雀山 4 号、9 号、13 号、14 号、31 号汉墓。特别值得注意的是，金雀山 9 号汉墓出土了一幅画面完整的帛画。帛画以红色细线勾勒，平涂设色，画面上部绘云气、天空、日月等自然场景；画面中部帷幕之中描绘墓主人生前的日常生活。这幅帛

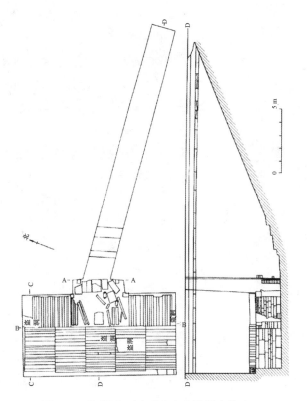

图 2-1 墓葬平、剖面图 山东滕州市染山西汉画像石墓 西汉
（采自张耘、李慧、陈庆峰、颜道彩《山东滕州市染山西汉画像石墓》，《考古》2012 年第 1 期）

画是继马王堆 1、3 号墓的帛画之后又一重要发现。①

汉画像石墓共发现 39 座，包括东阿县邓庙汉画像石墓、邹平汉代彩绘画像石墓、山东济阳汉画像石墓、山东滕州高庄汉画像石墓等。

汉代壁画墓共发现 5 座，包括山东东平 1 号、12 号、13 号墓，济南青龙山汉壁画墓，山东梁山县后银山汉墓等。特别是山东东平县物资局 1 号墓出土壁画，画面内容与同时代其他墓葬相比，表现信仰内容更加具有世俗化倾向。该墓内未绘汉代流行的西王母、玉兔、伏羲、女娲等信仰图像，取而代之以多幅高士、神人图像，这样的题材在之前壁画墓中是前所未见的，其人物形象颇具魏晋遗风。

由壁画在墓葬中的位置看，不同形式的墓葬壁画在墓室中的位置也有所不同。墓室中的帛画主要为长条形，覆盖在棺盖之上，如山东临沂金雀山 4 号墓帛画。

彩绘壁画多绘于墓道、墓门、甬道及墓室内壁上。如济南青龙山汉画像石墓墓室南壁、西壁绘有壁画；山东东平 1 号墓壁画绘于墓门立柱、墓室门楣、立柱、前堂南北两壁、西壁、墓门内侧。

画像石、画像砖多雕刻于墓室立柱、封门石、立柱、门楣、棺床、盖板及墓室内壁等位置。如山东滕州市染山西汉墓画像石主要雕刻于墓门，前室立柱、封门石、立柱、门楣、盖板，北壁立石，南侧室东壁、西壁、偏北处，一室西壁和南壁等位置；山东济南青龙山汉墓 25 块画像石主要分布在墓门，前、中室四壁及门楣门框上。

三、题材类型

（一）现实生活类

建筑图

建筑图像大量出现在汉画像石墓、画像砖墓及壁画墓中，成为这一时期墓室壁画的

---

① 临沂金雀山汉墓发掘组：《山东临沂金雀山九号汉墓发掘简报》，《文物》1977 年第 11 期。

主要题材。例如山东东平县物资局1号墓①前室南壁上部绘《建筑图1》（图2-2），画面分上、下两层，其中画面下层绘一建筑，呈方形，坡顶，正中绘一"T"字形房门，构图简练，仅绘出大致轮廓。另外，1953年在山东省梁山县后银山汉墓中②也出土一幅建筑题材图像，即《建筑图2》（图2-3），该壁画位于墓室南壁，画面上部绘一座题"都亭"的两层楼房，上层三间，每间内绘一着白衣有胡须人物，呈坐姿，下层人物着红帽，作开门状，画面内容为东汉时期，山东地区流行的"启门"题材。此外，山东临沂吴白庄汉画像石墓③前室南壁东段画像石刻有《建筑图3》（图2-4），画面中绘有两座庑殿式建筑，屋顶左右相连，其下分别设两立柱，起支撑作用，建筑立柱顶端设斗拱以抬高屋顶。如徐州十里铺画像石墓、新野张楼画像石墓图像中均有类似厅堂出现。除上述之外，山东邹城高李村汉画像石墓④等均发掘出土多幅建筑题材图像，如《建筑图4》（图2-5）

图2-2　建筑图1　山东东平县物资局1号墓　东汉
（采自东平县文物管理所、山东省文物考古研究所《东平后屯汉代壁画墓》，文物出版社2010年）

图2-3　建筑图2　山东梁山县后银山汉墓　东汉
（采自徐光冀主编《中国出土壁画全集4 山东》，科学出版社2011年）

---

① 徐光冀主编：《中国出土壁画全集4 山东》，科学出版社，2011年，第1页。
② 徐光冀主编：《中国出土壁画全集4 山东》，科学出版社，2011年，第24页。
③ 管恩洁、霍启明、尹世娟：《山东临沂吴白庄汉画像石墓》，《东南文化》1999年第6期。
④ 邹城市文物管理处：《山东邹城高李村汉画像石墓》，《文物》1994年第6期。

图 2-4 建筑图 3 山东临沂吴白庄汉画像石墓 东汉
(采自管恩洁、霍启明、尹世娟《山东临沂吴白庄汉画像石墓》，《东南文化》1999 年第 6 期)

图 2-5 建筑图 4 山东邹城高李村
汉画像石墓 东汉
(采自邹城市文物管理处《山东邹城高李村汉画像石墓》，《文物》1994 年第 6 期)

出行图

如济南青龙山汉画像石墓前室西墙壁画画面自右（北）向左（南）有"二车行驰，前车只见两轮；后车为一马拉的轺车，马作昂首奔驰状"①；卧虎山汉墓画像石 M2 墓的北椁板中格画面上层为"车马出行，前有侍卫持矛、戈开路，中为一行进轺车，后有一骑士持戈相随"②；吴白庄汉画像石墓前室描绘墓主人出行场面的《出行图》（图 2-6 至图 2-9）。绘于墓前室南壁中段"画面左一人右向躬迎，一轺车右向行进"③。另外，旧县村汉画像石墓、大汶口汉画像石墓、邓庙汉画像石 M1 和 M2 墓、沈刘庄汉画像石墓、邹平汉代彩绘画像石墓 M7 等皆有出行、迎宾、骑吏相关的画像石。

---

① 济南市文化局文物处：《山东济南青龙山汉画像石壁画墓》，《考古》1989 年第 11 期。
② 邹城市文物管理局：《山东邹城市卧虎山汉画像石墓》，《考古》1999 年第 6 期。
③ 管恩洁、霍启明、尹世娟：《山东临沂吴白庄汉画像石墓》，《东南文化》1999 年第 6 期。

图 2-6　出行图 1 山东临沂吴白庄汉画像石墓 东汉
（采自管恩洁、霍启明、尹世娟《山东临沂吴白庄汉画像石墓》，《东南文化》1999 年第 6 期）

图 2-7　出行图 2 山东临沂吴白庄汉画像石墓 东汉
（采自管恩洁、霍启明、尹世娟《山东临沂吴白庄汉画像石墓》，《东南文化》1999 年第 6 期）

图 2-8　出行图 3 山东临沂吴白庄汉画像石墓 东汉
（采自管恩洁、霍启明、尹世娟《山东临沂吴白庄汉画像石墓》，《东南文化》1999 年第 6 期）

图 2-9 出行图 4 山东临沂吴白庄汉画像石墓 东汉
(采自管恩洁、霍启明、尹世娟《山东临沂吴白庄汉画像石墓》,《东南文化》1999 年第 6 期)

墓主人图

这类题材多以墓主人为主,部分墓葬壁画中还包括其仆从或亲戚友人。如金雀山 9 号墓的帛画,"在云空和日、月之下,帷幕之中有墓主人及其亲属、宾客、仆从等起居、歌舞、生产、游戏等情景"①;山东东平 1 号墓,"墓壁以人物画像为主,间以鸡、狗等动物形象。内容有敬献、谒见、斗鸡、宴饮、舞蹈等场面,各类人物形象多达 48 人"。其中尤以绘制于门楣内侧的 12 个人物形象神态各异,眉须飘然,栩栩如生。卧虎山汉墓画像石 M1 墓北椁板内侧右格画面"双层楼房楼下六人,中间二人端坐,左右各二人跪坐拜谒"②;吴白庄汉画像石墓第 11 幅(前室南壁中段)"画面分上下二层。上层:主人戴冠、着长袍,手持便面左向坐,旁立侍女,左有两抬壶、捧樽、端盘的侍者;边刻二人左向坐观;主人前依次为:长袖舞、倒立、抚瑟三艺人;画面左边刻有五人坐观,其中二人似在耳语,旁立侍者"③。冢子庄汉画像石墓门额由二方画像石组成,"上方画像为交谈图,画面由三人组成,一人居左,身着长袍,跽坐,面向左。右二人面面相对,皆戴进贤冠,穿长袍,跽坐"④。微山县汉画像石 M6、青龙山汉画像石壁画墓等

---

① 临沂金雀山汉墓发掘组:《山东临沂金雀山九号汉墓发掘简报》,《文物》1977 年第 11 期。
② 邹城市文物管理局:《山东邹城市卧虎山汉画像石墓》,《考古》1999 年第 6 期。
③ 管恩洁、霍启明、尹世娟:《山东临沂吴白庄汉画像石墓》,《东南文化》1999 年第 6 期。
④ 姜建成、庄明军:《山东青州市冢子庄汉画像石墓》,《考古》1993 年第 8 期。

其他汉墓也有类似画像石题材。

歌舞、宴饮图

这类题材为汉画像石常见内容：山东染山西汉画像石墓，在墓圹的西壁发现二处阴线刻图像，"其中西壁中间一处有一人，双手各执一物作舞蹈状，人物画像高约70厘米，还有一人作长袖舞，二人之间一物不详"①；山东省东平县物资局1号墓②前室南壁画面绘有《观舞图》（图2-10、图2-11），画面上层绘四人，两两相对，中间摆放茶盘，内放茶盏，盘腿而坐，观赏舞蹈，下层画面，其中一人张开双臂作蹲踞状，其他三人似为其伴舞；卧虎山汉墓画像石M2墓南椁板内侧画面中间画十三人，"其中二人单腿立杆转身对舞，长袖飞扬；一人在横杆右侧，与右侧舞者衣袂相连。另一双腿倒挂于杆上，头向下，双手抚下垂头发。顶杆左、右两侧各有一人作垂立状。中部横杆下有一人，双手抓杆。斜索上左、右各有一人，双腿并起高跷，双臂分开上扬，匍匐下滑，技艺惊险。画面左下、右下两角各有一人执矛蹲坐。此墓还有乐器演奏的画像石，北椁板外层中格画上层中间二人吹排箫"③；邹城高李村汉画像石墓，第三石"建鼓左侧上部两排人正面端坐观舞，上排六人光头无冠，拱手。下排五人戴高冠，怀抱婴儿，左边三人一手还执有便面。下部一人端坐，双手上举，似执乐器，一人鼓瑟，一人挥长袖起舞。再下四人端坐。建鼓右侧上部一人躬身侧立，二女伎盘高髻，上身赤裸，倒立而舞。二女伎间立一小孩。中部三人正坐奏乐，一人吹竽，二人吹排箫"④。

动物图

汉墓壁画中，鸡、犬动物图像同时出现在一幅画面，在山东地区只有一处《动物

---

① 张耘、李慧、陈庆峰、颜道彩：《山东滕州市染山西汉画像石墓》，《考古》2012年第1期。
② 徐光冀主编：《中国出土壁画全集4 山东》，科学出版社，2011年，第1页。
③ 邹城市文物管理局：《山东邹城市卧虎山汉画像石墓》，《考古》1999年第6期。
④ 邹城市文物管理处：《山东邹城高李村汉画像石墓》，《文物》1994年第6期。

中国丝绸之路上的墓室壁画

图 2-10　观舞图 1　山东东平县物资局 1 号墓　东汉
（采自东平县文物管理所、山东省文物考古研究所《东平后屯汉代壁画墓》，文物出版社 2010 年）

图 2-11　观舞图 2（局部）山东东平县物资局 1 号墓　东汉
（采自东平县文物管理所、山东省文物考古研究所《东平后屯汉代壁画墓》，文物出版社 2010 年）

图 2-12　动物图　山东东平县物资局 1 号墓　东汉
（采自东平县文物管理所、山东省文物考古研究所《东平后屯汉代壁画墓》，文物出版社 2010 年）

图》（图 2-12）。该幅壁画位于山东省东平县物资局 1 号墓前室北壁下部，画面共分为四层，其中，第三层绘狗两只，左侧一只正回首张望，右侧一只正向左奔跑。第四层左侧画面绘一老妪，左手前伸作喂食状，中间绘两只斗鸡，"一只双腿卷曲，头颈平伸作欲搏状，另一只昂首挺身，警惕注视对方"。①

骑射、狩猎图

卧虎山汉墓画像石 M1 墓的东椁板左格，虽

---

① 徐光冀主编：《中国出土壁画全集 4 山东》，科学出版社，2011 年，第 20 页。

已残破，但可以看出"右下角刻有一人执箭跪射"①；八里庙汉画像石一号墓阁、山东济南大柿园汉墓等都出现相同题材。此外表现狩猎题材的还有冢子庄汉画像石墓，其门额下方画像石为猎鹿图，"画面由虎、鹿、鸟组成，右边两只虎一前一后，均竖耳，咧嘴露齿，屈腿，作奔跑状。左边有一只鹿，回首，屈腿，作惊恐状，鹿的前后各有一只展翅飞翔的大鹏鸟"②；枣庄方庄汉画像石墓北壁画像石上层刻"骑射和驯兽：左为骑射，四骑者均向左驰行，前三骑者面向右，张弓向后一骑者迎射。后一骑者双手勒紧缓绳，身向后倾"。

文吏图

山东省东平县物资局1号墓有3幅《文吏图》（图2-13至图2-15）前室西壁北侧上层画面中间绘有人物，一人穿灰色长袍，双手抄于前，背后背一包袱，右侧一男子长袍曳地，作拱手相送状。中层画面，彩绘三名头戴高冠，身着灰色长袍，斜挎长剑，拱手站立的男子。画面左侧"一人身微侧，双手抄于腹前，怀中抱一物，背后背一长剑"③；中间男子双手拱于胸前，似在向左侧男子拜谒，腰间斜挎一长剑；右侧男子面左而立，双手抄于腹部，表情威严，腰间斜挎一长剑。

图2-13　文吏图1 山东东平县物资局1号墓 东汉
（采自东平县文物管理所、山东省文物考古研究所《东平后屯汉代壁画墓》，文物出版社2010年）

---

① 邹城市文物管理局：《山东邹城市卧虎山汉画像石墓》，《考古》1999年第6期。
② 姜建成、庄明军：《山东青州市冢子庄汉画像石墓》，《考古》1993年第8期。
③ 徐光冀主编：《中国出土壁画全集4 山东》，科学出版社，2011年，第13页。

中国丝绸之路上的墓室壁画

图 2-14　文吏图 2 山东东平县物资局 1 号墓 东汉
（采自东平县文物管理所、山东省文物
考古研究所《东平后屯汉代壁画墓》，
文物出版社 2010 年）

图 2-15　文吏图 3 山东东平县物资局 1 号墓 东汉
（采自东平县文物管理所、山东省文物
考古研究所《东平后屯汉代壁画墓》，
文物出版社 2010 年）

（二）历史类

历史故事在汉代墓室壁画中出现频次较高，如泰安大汶口汉画像石墓出土的东前室墓门门楣画像石，表现的是"孔子见老子"的主题。此外，还有表现孝子丁兰、伯乐相马等耳熟能详的历史故事的画像石。

战争图

邹城高李村汉画像石墓第六石的《战争图》（图 2-16、图 2-17）人物众多，场面宏阔，当为同类画像石之中的佼佼者。"根据第四石的内容，表现的当为胡汉战争场面"①；邹城高李村汉画像石墓画面表现"五步卒，其中二人执弩，三人肩扛卜字形戟。

---

① 邹城市文物管理处：《山东邹城高李村汉画像石墓》，《文物》1994 年第 6 期。

图 2-16　战争图 1 山东邹城高李村汉画像石墓 东汉
（采自邹城市文物管理处《山东邹城高李村汉画像石墓》，《文物》1994 年第 6 期）

下层左部二骑吏厮杀，居左者戴尖顶帽，执弓，居右者戴进贤冠，双手持卜字形戟前刺，两马之间跪一步卒。后一骑吏执弓策马奔驰。马下躺二战死步卒，皆无首。再后为一辆辎车和一辆轺车，辎车三马牵挽，轺车一马牵挽。最后为二骑吏，戴武弁大冠"。① 此外，山东长清大街村汉代画像 M1 墓也有类似图像。

泗水取鼎图

如山东邹城市卧虎山汉画像石墓北椁板画面分上、下两层，其中右格下层画像为《泗水取鼎图》，"图中刻二立

图 2-17　战争图 2 山东邹城高李村汉画像石墓 东汉
（采自邹城市文物管理处《山东邹城高李村汉画像石墓》，《文物》1994 年第 6 期）

柱，上置滑轮，左右斜坡状桥面上各有四人用绳拉鼎，内有蛟龙伸头咬断绳索。桥下有

---

① 邹城市文物管理处：《山东邹城高李村汉画像石墓》，《文物》1994 年第 6 期。

图 2-18　泗水取鼎图　山东邹城高李村汉画像石墓　东汉
（采自邹城市文物管理处《山东邹城高李村
汉画像石墓》，《文物》1994 年第 6 期）

图 2-19　泗水取鼎图　山东东阿县邓庙汉画像石墓　东汉
（采自《邹城汉代画像石上的历史故事》，
http：//blog.sina.com.cn/s/blog_9295da1701014h5z.html
2012 年 6 月 6 日）

一船，船内二人皆一手持桨，一手用力托鼎"。① 山东邹城高李村汉画像石墓前室西壁绘有《泗水取鼎图》（图 2-18）"画面正中一座拱形桥，桥有栏杆。桥顶竖两高杆，杆顶接枕形横梁。有绳索通过横梁，一端拴在桥孔下的鼎上，另一端握在高杆左右捞鼎人的手中"。② 另外，山东东阿县邓庙汉画像石墓也有类似《泗水取鼎图》（图 2-19）图像出现。

孔子见老子图

如泰安大汶口汉画像石墓第六石，东前室墓门门楣上刻孔子见老子图，"其中第二人身材高大，头戴进贤冠，身着袍服，手中拄一拐杖，躬身拱手而立。此人当为老子。左起第

---

① 邹城市文物管理局：《山东邹城市卧虎山汉画像石墓》，《考古》1999 年第 6 期。
② 邹城市文物管理处：《山东邹城高李村汉画像石墓》，《文物》1994 年第 6 期。

一人戴进贤冠，着袍服，腰佩长剑，广袖内装一鸟，躬身拱手于胸前，面微仰。上方榜题'孔子'"。① 山东东阿县邓庙汉画像石 M1 墓中室北梁画像画面表现孔子见老子的故事的《孔子见老子图》（图 2-20），"右端为一厅堂，檐上伏一猴，檐柱上刻有斗拱，厅堂内、外各有两人相对跽坐。厅堂左侧有一双手拄拐杖的躬背长者及推轮幼童，当为老子及项橐。左侧向右行进的行列中，前面一人躬身而立，怀抱一只鸡，面向项橐，当为孔子"。② 另外，山东邹城市卧虎山汉墓、山东阳谷县八里庙汉画像石墓、山东东阿县邓庙汉画像石 M2 墓等中也刻有类似的图，如《孔子见老子图》（图 2-21）。

图 2-20　孔子见老子图　山东东阿县邓庙汉画像石墓　东汉
（采自《邹城汉代画像石上的历史故事》，
http：//blog. sina. com. cn/s/blog＿9295da1701014h5z. html 2012 年 6 月 6 日）

豫让刺赵襄子图

山东邹城市卧虎山汉画像石墓南椁板外侧左格画面反映豫让刺赵襄子的历史故事。"上部为一桥，桥中部已断塌。其上为豫让与赵襄子的卫士骑马格斗的场面。桥上右侧刻一辎车安然通过，上有一驭者及一主人（赵襄子）。桥下左侧见三人，中为豫让，持刀引颈，左右各有一妇人掩面而泣。"③ 此外，山东东阿县邓庙汉画像石墓中也有采用减地平面阴线雕刻的《豫让刺赵襄子图》（图 2-22）图像。

---

① 程继林：《泰安大汶口汉画像石墓》，《文物》1989 年第 1 期。
② 陈昆麟、孙淮生，等：《山东东阿县邓庙汉画像石墓》，《考古》2007 年第 3 期。
③ 邹城市文物管理局：《山东邹城市卧虎山汉画像石墓》，《考古》1999 年第 6 期。

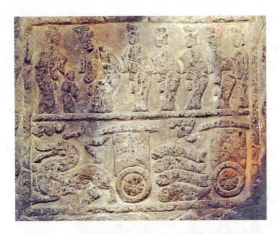

图2-21 孔子见老子图 山东邹城市卧虎山汉画像石墓 东汉
（采自陈昆麟、孙淮生等《山东东阿县邓庙汉画像石墓》，《考古》2007年第3期）

图2-22 豫让刺赵襄子图 山东东阿县邓庙汉画像石墓 东汉
（采自《邹城汉代画像石上的历史故事》，http://blog.sina.com.cn/s/blog_9295da1701014h5z.html 2012年6月6日）

伯乐相马图

　　山东邹城市卧虎山汉画像石墓北椁板中格画面下层刻《伯乐相马图》（图2-23）。"左侧二人中一人（伯乐）躬背，面相苍老，有胡须，一手持节，一手持缰绳；其前一人（九方皋）双手撑开马口作探视状。中为骏马，体态健美，周身布满麻点，头上有璎珞。马后有二人，一人持杖，一人抚剑，皆作伸手介绍状。"①

孝子故事图

　　孝子赵荀故事。如泰安大汶口汉画像石墓西前室通耳室的门楣画像石刻"一人坐车前辕上，鸠杖斜倚肩头。上方有榜题此荀父。其右一人戴圆顶帽，着窄袖长袍，手持长柄锄，回顾荀父。此人上方有榜题孝子赵荀"。

---

① 邹城市文物管理局：《山东邹城市卧虎山汉画像石墓》，《考古》1999年第6期。

孝子丁兰故事。如泰安大汶口汉画像石墓中段画像石刻"有二人，相对跽坐于一榻上。左边一人侧身向右，发后梳，面微仰，身后有榜题。此丁兰父。右边一人侧身向左，戴平帻，左手执一器，似在给对方喂食，应为丁兰"。

沙公前妇子孝敬后母故事。如泰安大汶口汉画像石墓右段画像石刻"一妇人穿袍服，躬身站立。身后有榜题此后母离居也。中间一人跪伏于地，头戴进贤冠，身穿袍，身后有榜题此晋沙公贝离莫。沙公右，一人跪在地上，手执一环首刀置于颈下。左榜题此沙公前妇子"①。

图 2-23　伯乐相马图　山东邹城市卧虎山汉画像石墓　东汉
（采自《邹城汉代画像石上的历史故事》，http：//blog.sina.com.cn/s/blog_9295da1701014h5z.html 2012 年 6 月 6 日）

（三）宗教类

两汉时期，山东地区画像石墓发掘数量远远超过壁画墓发掘数量，因此以汉画像石墓为研究对象，总结如下："重生信仰在全民崇拜长生的时代背景下迅速走向兴盛。"② 反映到墓室绘画方面，这一时期墓室绘画题材逐渐形成了一些独具特色的时代特征，最突出的一条就是以西王母为中心的重生信仰体系成为汉代墓葬宗教的主流。

---

① 程继林：《泰安大汶口汉画像石墓》，《文物》1989 年第 1 期。
② 汪小洋：《中国墓室壁画兴盛期图像探讨》，《民族艺术》2014 年第 3 期。

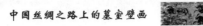

重生信仰与道教
羲和捧日图

山东邹城高李村汉画像石墓前室南壁中间有《羲和捧日图》（图2-24）。画面"上部浮雕圆形太阳，太阳正中阴刻三足乌，下刻一人，人面兽身，长尾，着长袍，双手上举托日，头横仰。画面内容为羲和捧日故事。"① 山东临沂吴白庄汉画像石墓前室立柱东面刻《伏羲捧日图》（图2-25），人首蛇身，右手持规，胸前一日轮，周围绘金乌、九尾狐等。②

东王公图

山东邹城市卧虎山汉画像石墓，南椁板内侧上层刻"一人（东王公）头戴冠，双手扶案"③。山东临沂吴白庄

图2-24 羲和捧日图 山东邹城高李村汉画像石墓 汉代
（采自邹城市文物管理处《山东邹城高李村汉画像石墓》，《文物》1994年第6期）

图2-25 伏羲捧日图 山东临沂吴白庄汉画像石墓 东汉
（采自管恩洁、霍启明、尹世娟《山东临沂吴白庄汉画像石墓》，《东南文化》1999年第6期）

---

① 邹城市文物管理处：《山东邹城高李村汉画像石墓》，《文物》1994年第6期。
② 管恩洁、霍启明、尹世娟：《山东临沂吴白庄汉画像石墓》，《东南文化》1999年第6期。
③ 邹城市文物管理局：《山东邹城市卧虎山汉画像石墓》，《考古》1999年第6期。

汉画像石墓前室西过梁东面画像石刻"东王公肩生两翼、戴冠，端坐T形虎首高座之上"①。山东临沂吴白庄汉画像石墓中室北壁横额画像石刻《东王公图》（图2-26）"头戴高冠，双肩有翼，端坐于同下层互为一体的宝座上"②。

图2-26　东王公图　山东临沂吴白庄汉画像石墓　东汉
（采自管恩洁、霍启明、尹世娟《山东临沂吴白庄汉画像石墓》，《东南文化》1999年第6期）

西王母图

山东邹城市卧虎山汉画像石墓，南椁板内侧右格"上层为西王母，头戴方胜，长发，着长裙，双手扶鸠而座"③。山东临沂吴白庄汉画像石墓前室西过梁西面画像石刻"西王母端坐一豆形高座上"。山东临沂吴白庄汉画像石墓中室北壁横额画像石刻《西王母图》（图2-27）画上绘有西王母头戴胜杖，肩生两翼，端坐于同下层画面连为一体的宝座之上"④。另外，在山东莒县沈刘庄汉画像石墓、山东滕州市山头村汉代画像石墓等墓中均有西王母图像出现，见《西王母图》（图2-28）。

---

① 管恩洁、霍启明、尹世娟：《山东临沂吴白庄汉画像石墓》，《东南文化》1999年第6期。
② 管恩洁、霍启明、尹世娟：《山东临沂吴白庄汉画像石墓》，《东南文化》1999年第6期。
③ 邹城市文物管理局：《山东邹城市卧虎山画像石墓》，《考古》1999年第6期。
④ 管恩洁、霍启明、尹世娟：《山东临沂吴白庄汉画像石墓》，《东南文化》1999年第6期。

中国丝绸之路上的墓室壁画

图 2-27 西王母图 山东临沂吴白庄汉画像石墓 东汉
（采自管恩洁、霍启明、尹世娟《山东临沂吴白庄汉画像石墓》，《东南文化》1999 年第 6 期）

东部卷·山东分卷

图 2-28 西王母图 山东莒县沈刘庄汉画像石墓 东汉
（采自苏兆庆、张安礼《山东莒县沈刘庄汉画像石墓》，《考古》1988 年第 9 期）

图 2-29 伏羲捧日图 山东莒县沈刘庄汉画像石墓 东汉
（采自苏兆庆、张安礼《山东莒县沈刘庄汉画像石墓》，《考古》1988 年第 9 期）

伏羲、女娲图

山东滕州市染山西汉画像石墓，门楣石第三格内刻"伏羲女娲交尾于三环中"①。山东莒县沈刘庄汉画像石墓第三根方立柱上格的《伏羲捧日图》（图2-29）"刻一人首蛇身的神人，双手举一圆形物，当为伏羲捧日"②。

高士图

汉代是神仙思想迅速发展，神仙信仰全面普及的重要时期。汉武帝宠信方士，追求长生不死，使得仙人崇拜观念在汉武帝时期得到极大发展，出现了空前兴盛的局面。自此以后，汉墓壁画大多流露出神仙信仰影响的痕迹。例如山东东平县物资局1号墓前室南侧门楣上绘有《高士图》（图2-30至图2-36），画面中共六人。其中一人头梳发髻，黑发散乱，满脸皱纹，络腮胡须，嘴唇涂成鲜红色，身着宽袖长袍，左手下垂，执一长杆状物，右手高举，掌心向上，赤臂露膊，双腿分开站立，赤足蹬黑履。该人物右侧立一人物，头梳发髻，黑发上翘，胡须横飘，身着宽袖长袍，左手下垂，执一长杆，右手端于胸前，头微侧，右视，神情泰然自若。画面左侧立一人，呈站立状，头发向后飘逸，身着绿色宽袖长袍，右手端于胸前，左手下垂，执一长杆，轻提衣角，侧面左视。同时，在该墓前室西壁南侧下层画面绘一《神人图》（图2-37），面目凶恶，须发向上飞扬，双目圆睁，上身穿绿衣，下着黑裤，左手执利斧。

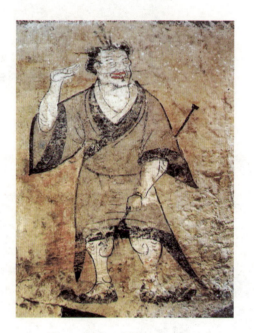

图2-30　高士图1　山东东平县物资局1号墓　东汉
（采自东平县文物管理所、山东省文物考古研究所《东平后屯汉代壁画墓》，文物出版社2010年）

---

① 滕州市汉画像石馆：《山东滕州市染山西汉画像石墓》，《考古》2012年第1期。
② 苏兆庆、张安礼：《山东莒县沈刘庄汉画像石墓》，《考古》1988年第9期。

中国丝绸之路上的墓室壁画

图 2-31　高士图 2 山东东平县物资局 1 号墓 东汉
（采自东平县文物管理所、山东省文物考古研究所《东平后屯汉代壁画墓》，文物出版社 2010 年）

图 2-32　高士图 3 山东东平县物资局 1 号墓 东汉
（采自东平县文物管理所、山东省文物
考古研究所《东平后屯汉代壁画墓》，
文物出版社 2010 年）

图 2-33　高士图 4（局部）山东东平县
物资局 1 号墓 东汉
（采自东平县文物管理所、山东省文物
考古研究所《东平后屯汉代壁画墓》，
文物出版社 2010 年）

图 2-34 高士图 5 山东东平县物资局 1 号墓 东汉
（采自东平县文物管理所、山东省文物考古研究所
《东平后屯汉代壁画墓》，文物出版社 2010 年）

图 2-35 高士图 6（局部）山东东平县
物资局 1 号墓 东汉
（采自东平县文物管理所、山东省文物
考古研究所《东平后屯汉代壁画墓》，
文物出版社 2010 年）

图 2-36 高士图 7 山东东平县物资局 1 号墓 东汉
（采自东平县文物管理所、山东省文物考古研究所《东平后屯汉代壁画墓》，文物出版社 2010 年）

图 2-37　神人图　山东东平县物资局 1 号墓　东汉
(采自徐光冀主编《中国出土壁画全集 4 山东》，科学出版社 2011 年)

其他题材

山东邹城市卧虎山汉画像石墓，南椁板内侧右格"西王母周围有祥云、星象、药樽（内置长生仙药）"①。山东临沂吴白庄汉画像石墓前室西过梁西面刻"一玉兔捣药，左一人形神兽，双手持一似为筛药网状物"②。山东临沂吴白庄汉画像石墓中室北壁横额西王母两侧刻玉兔捣药，东王公两侧刻有怪兽、羽人、翼狗等神物。

山东邹城市卧虎山汉画像石墓，北椁板东端立面刻"一只青龙，长尾，四只长爪，张口吐须作游腾状"③。此外山东东阿县邓庙汉画像石墓也有《青龙、白虎》(图 2-38) 图像出现。

山东邹城市卧虎山汉画像石墓

图 2-38　青龙、白虎　山东东阿县邓庙汉画像石墓　东汉
(采自陈昆麟、孙淮生、刘玉新、杨燕、李付兴、吴明新《山东东阿县邓庙汉画像石墓》，《考古》2007 年第 3 期)

---

①　邹城市文物管理局：《山东邹城市卧虎山汉画像石墓》，《考古》1999 年第 6 期。
②　管恩洁、霍启明、尹世娟：《山东临沂吴白庄汉画像石墓》，《东南文化》1999 年第 6 期。
③　邹城市文物管理局：《山东邹城市卧虎山汉画像石墓》，《考古》1999 年第 6 期。

中出现大量道教图像，如 M2 墓南椁板中格上部刻"一怪兽，头上有双角，长发长须，双目圆瞪，牙齿咄露，口中衔一长蛇，蛇口下有吐出的一片乌云。左下方有一云母侧坐，口吐云气；云气下一人头戴斗笠，赤脚行走。中为雷公，赤脚侧身，双手各执一钺，用力击奏。右上方有一蛟龙作升腾状"。

北椁板外侧画面左侧刻"一棵仙树，枝干茂密，拔地通天"。

北椁板外侧中格"上层左起有二神人，一为鸡首人身，一为马首人身，均侧身拱手而立。中有一人（子路）头戴雄鸡冠，着长袍，腰间各拴一只小猪，正面叉腿站立，形状勇猛"。

北椁板右格画面"立有一巨树（扶桑），树干巨人形，一臂下垂，右侧上身处刻一猿作回首攀援状"。

东椁板内侧画面刻"两只对舞的凤凰，口中衔着链状饰物。凤凰左右两侧各有一仙人，赤首长发，细长身，肩臂生羽，腰间见双翅，手持仙树枝。画面上方是一条腾空飞翔的翼龙，一仙人欲乘龙而去，龙首前并刻祥云一朵"①。

另外，在山东各地挖掘的画像石墓中出现大量仙人、金乌、山神、羽人、四神、带翼神兽等具有明确宗教意义的图像，如山东东平县物资局1号墓的《金乌》（图2-39）、《白虎》（图2-40），13号墓的《白虎》（图2-41）；山东临沂吴白庄汉画像石墓的《凤鸟、羽人、翼虎》（图2-42）、《神农》（图2-43）、《白虎》（图2-44）。

图 2-39　金乌　山东东平县物资局 1 号墓　东汉
（采自徐光冀主编《中国出土壁画全集 4 山东》，科学出版社 2011 年）

---

① 邹城市文物管理局：《山东邹城市卧虎山汉画像石墓》，《考古》1999 年第 6 期。

图 2-40　白虎　山东东平县物资局 1 号墓　东汉
（采自徐光冀主编《中国出土壁画全集 4 山东》，科学出版社 2011 年）

图 2-41　白虎　山东东平县物资局 13 号墓　东汉
（采自徐光冀主编《中国出土壁画全集 4 山东》，科学出版社 2011 年）

图 2-42　凤鸟、羽人、翼虎　山东临沂
吴白庄汉画像石墓　东汉
（采自管恩洁、霍启明、尹世娟
《山东临沂吴白庄汉画像石墓》，
《东南文化》1999 年第 6 期）

第二章 兴盛期的墓室壁画

图 2-43 神农 山东临沂吴白庄汉画像石墓 东汉
（采自管恩洁、霍启明、尹世娟《山东临沂吴白庄汉画像石墓》，《东南文化》1999 年第 6 期）

图 2-44 白虎 山东临沂吴白庄汉画像石墓 东汉
（采自管恩洁、霍启明、尹世娟《山东临沂吴白庄汉画像石墓》，《东南文化》1999 年第 6 期）

图 2-45 和尚 山东邹城高李村汉画像石墓 东汉
（采自胡新立、王军、郑建芳《山东邹城高李村汉画像石墓》，《文物》1994 年第 6 期）

东部卷·山东分卷

佛教

东汉末年，随着原始佛教东渐传入中原，少数地区墓葬中开始出现佛教图像，此时传入中原的佛教神灵还未完成宗教"偶像"的确立，他们只是"被作为神仙世界的一员来对待和表现"①，而包括山东地区在内的绝大多数地区墓葬中并未发现具有明确意义的佛教图像。如前所述，截止到目前，只在山东高李村汉画像石墓一处，第三石左上方发现刻有《和尚》（图2-45），画中有"6个光头人物，身着肥大衣袍"②的画像石一块，而这6个人物是否为佛教人物还存在争议。

第二节　魏晋南北朝墓室壁画

一、遗存梳理

山东地区魏晋壁画墓共发现7座，分别为济南市马家庄北齐墓、济南市东八里洼北朝壁画墓、山东寿光北魏贾思伯墓、益都北齐石室墓及临淄北朝崔氏墓等。

二、形制类型

（一）墓室形制类型

这一时期墓葬形制均为石砌单室墓，主要由墓道、甬道、墓室三部分组成。济南市马家庄北齐墓为青页岩石砌筑单室墓，墓葬呈南北向，主要由墓道、甬道、墓室三部分组成。处于同一地区的济南市东八里洼北朝壁画墓形制为石砌单室墓，由墓道、墓门、

---

① 汪小洋主编：《中国墓室绘画研究》，上海大学出版社，2010年，第29页。
② 邹城市文物管理处：《山东邹城高李村汉画像石墓》，《文物》1994年第6期。

墓室组成，没有甬道。益都北齐石室墓为石砌单室墓，由甬道、墓室两部分组成。

特别值得注意的是，山东寿光北魏贾思伯墓为现已发现的山东地区最早使用穹窿顶结构的壁画墓，该墓墓室为砖室结构，平面方形圆角，穹窿顶。

（二）壁画形制类型

这一时期线刻画数量较多，如济南市马家庄北齐墓、济南市东八里洼北朝壁画墓、山东寿光北魏贾思伯墓为墓室彩绘壁画，益都北齐石室墓、临淄北朝崔氏墓为线刻画。

魏晋南北朝时期，山东地区的彩绘壁画主要装饰于墓道、甬道、墓室内壁上。济南市马家庄北齐墓彩绘壁画主要位于墓道、甬道及墓室周壁；济南市东八里洼北朝墓彩绘壁画主要位于墓室东、西、北三面墓壁；山东寿光北魏贾思伯墓彩绘壁画主要位于墓室四壁及墓顶。益都北齐石室线刻画，多为征集收藏，无法判断其在墓中位置。临淄北朝崔氏墓线刻画，图案仅存在于墓门门扉正面，墓道、甬道、墓室内壁等均为素面，无装饰。值得关注的是，山东益都北齐石室墓，出土多幅描绘商旅出行、商谈的线刻画，这在同时期山东地区壁画墓中前所未见，这些壁画的出土对于研究山东地区海上丝绸之路具有重要意义。

三、题材类型

（一）现实生活类

墓主人现实生活场景是魏晋南北朝壁画的主要题材，也是济南地区北齐壁画频繁出现的一个主题。

出行图

如济南市马家庄北齐墓，墓室四壁绘车马人物，反映出墓主人生前生活的片断。东壁上"南端绘一匹回首嘶鸣的鞍马，鞍下披赭色障泥"①。墓室西壁上"南端绘车舆一辆。

---

① 济南市博物馆：《济南市马家庄北齐墓》，《文物》1985年第10期。

车身作正面透视,车具齐备,与东壁画面相呼应,似有待套马驾辕出行"①。益都北齐石室墓所刻《车御图1》(图2-46)中的骆驼"为单峰,背上有兽面纹的鞍具,驼峰两侧为成卷的织物,织物外悬挂着考究的水囊。骆驼因负载较重,张嘴喘息。主人乘坐的骏马鞍具俱全,马尾打结"②。另一幅《车御图2》(图2-47)"画面中心为主人骑着骏马,马后腿弯曲,头微低,马尾飘然下垂"③。

图2-46 车御图1 山东省益都北齐石室线刻画像墓 北齐
(采自夏名采《益都北齐石室墓线刻画像》,《文物》1985年第10期)

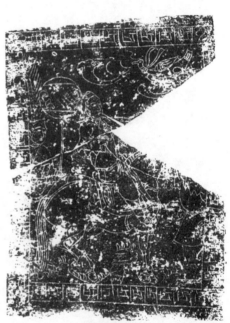

图2-47 车御图2 山东省益都北齐石室线刻画像墓 北齐
(采自夏名采《益都北齐石室墓线刻画像》,《文物》1985年第10期)

① 济南市博物馆:《济南市马家庄北齐墓》,《文物》1985年第10期。
② 夏名采:《益都北齐石室墓线刻画像》,《文物》1985年第10期。
③ 夏名采:《益都北齐石室墓线刻画像》,《文物》1985年第10期。

此外，同一时期的临朐县海浮山崔芬墓发现规模宏大的墓主夫妇《出行图》(图2-48)。墓室西壁龛额上绘制墓主夫妇出行场面，画面绘3男13女共16人，其中最突出的形象为左起第3人，此人为一身着拽地长袍、头戴冠的中年男子，神态威严，周围有大量婢仆簇拥。

墓主夫妇图

如济南市马家庄北齐墓，西壁上"绘妇女三人，居中似为墓主夫人""居中墓主夫人着高领广袖长衫，双手捧衣物，似将乘车出行"；墓室北壁上"所绘墓主人头束巾帻，披纱，穿大领宽袖浅赭色衫，居中端坐于屏风框架前，瞑目，两袖搭于几案上"①。又如济南市东八里洼北朝壁画墓由于墓顶坍塌，东、西墓壁上的画面已漫漶不清，但从仅存少量残存的画面上，可以判断这是表现墓主人大量生活场景题材的壁画。益都北齐石室墓一件石刻《主仆交谈图》(图2-49)中央"主人端坐于束腰坐墩上，头戴上翘折巾式冠，一长簪插于冠和发髻之中，身穿直裾肥袖便服，腰系革带，佩挂香囊，下穿紧腿裤，脚穿尖头软底皮靴。他左手执物半举，右腿盘于左膝之上，双目注视对面的商人"。另一件石刻《墓主饮食图》(图2-50)"马后为主人，头戴巾子，穿直裾便服，腰佩短剑，下穿紧腿裤，脚穿尖头软底皮靴，正待上马，回首作与仆人交谈状"②。

1984年济南市文化东路冶金宾馆院内北齐墓也发现多幅以《墓主夫妇出行图》(图2-51、图2-52)为主题的壁画。3幅彩绘壁画分别绘于墓室的东壁、西壁及北壁上。其中东壁画面北端绘持仪侍卫，皆戴贯穿骨笄的小冠，着圆领窄袖裲裆衫，双手拱

图2-48 出行图 山东省临朐县治源镇海浮村崔芬墓 北齐
(采自徐光冀主编《中国出土壁画全集4 山东》，科学出版社2011年)

---

① 济南市博物馆：《济南市马家庄北齐墓》，《文物》1985年第10期。
② 夏名采：《益都北齐石室墓线刻画像》，《文物》1985年第10期。

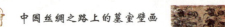

图 2-49　主仆交谈图 山东省益都北齐石室线刻画像墓 北齐
（采自夏名采《益都北齐石室墓线刻画像》，《文物》1985 年第 10 期）

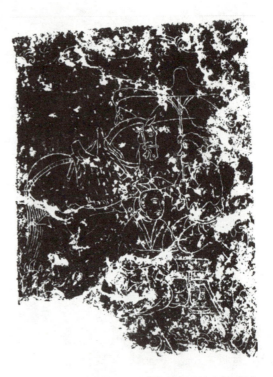

图 2-50　墓主饮食图 山东省益都北齐石室线刻画像墓 北齐
（采自夏名采《益都北齐石室墓线刻画像》，《文物》1985 年第 10 期）

于胸前，拄杖板。南端绘一回首嘶鸣的鞍马，马前一驭吏，手持鞭，马尾绘一深目高鼻的驭役。墓室西壁画面中央绘墓主夫人像，左右各站一侍女，人物右侧停放一辆精致的单驾马车，与东壁一起组成一幅生动的墓主夫妇出行画面。而墓室北壁画面内容则与东、西壁画截然不同，所绘《墓主人图》（图 2-53）墓主人神态自然，端坐中央，左右各站一侍从，后绘九扇屏，此图作主人生活图。

图 2-51　墓主夫妇出行图 1　山东省济南市文化东路冶金宾馆院内北齐墓　北齐
（采自徐光冀主编《中国出土壁画全集 4 山东》，科学出版社 2011 年）

图 2-52　墓主夫妇出行图 2　山东省济南市文化东路冶金宾馆院内北齐墓　北齐
（采自徐光冀主编《中国出土壁画全集 4 山东》，科学出版社 2011 年）

文吏图

如济南市马家庄北齐墓，墓室北壁"东西两侧各绘奏事吏一人。东侧一人戴小冠，着大领广袖浅赭色外衫，两手交叉胸前，似作奏事状；西侧一人面部脱落，头戴冠，着翻领窄袖衫，腰束带，双手拱举"①。

仪卫、门卫图

如济南市马家庄北齐墓，墓室南壁上"各绘门卫一人。黑胡须，两手拱于胸前，拄斑剑，神态肃穆。西侧门卫戴黑弁帽，着紧身翻领窄袖开衩长衫，腰束带，挂鞢䩞"。"东侧门卫头戴贯穿骨笄的小冠，着圆领窄袖衫，

图 2-53　墓主人图　山东省济南市文化东路冶金宾馆院内北齐墓　北齐
（采自徐光冀主编《中国出土壁画全集 4 山东》，科学出版社 2011 年）

---

① 济南市博物馆：《济南市马家庄北齐墓》，《文物》1985 年第 10 期。

腰束带，下着靴。"墓室东壁上"北端绘持杖仪卫两人，皆戴贯穿骨笄的小冠，着圆领窄袖两裆衫，两手拱于胸前，拄板杖"。"马前一驭吏，束发，手持鞭，马尾绘一驭役，深目高鼻，朱唇卷发，貌似西域胡人，着翻领窄袖衫，腰束带，身后侧有一收拢的伞盖，一手持鞭，作回首探望之状。"①

山东省济南市文化东路冶金宾馆北齐墓壁画脱落严重，几乎没有留下完整的人物画像，从残存的图像来看，人物动态自然，主要以墨线勾勒，少数壁画染以淡彩。此墓的《门吏图》（图2-54、图2-55）主要位于墓门东西两侧，东侧门卫身着长袍，黑胡须，双手拱于胸前，拄斑剑，神态肃穆。与之相对应，西侧门卫着紧身翻领袖长衫，头戴黑弁帽，腰束带，黑胡须，双手拱于胸前，手拄斑剑，神态肃穆。另外在山东省临朐县浮山崔芬墓东西甬道石墙上彩绘两幅相对的《武士图》（图2-56），画面高1.52米，宽0.64米，武士身披明光铠，内衬当时流行的裤褶服，由于衣袖、裤腿肥大不便于行动，裤褶服的衣袖和裤腿外侧均用带子扎束，两位武士均一手持盾，一手挂剑于手腕上，穿戴基本相同，但动作完全相反。

男侍图、女侍图

济南市马家庄北齐墓，绘画风格与北齐时期山东地区主流人物画非常接近，墓室西壁绘"妇女三人，居中似为墓主夫人，两侧为侍女二人，均束高髻，面庞丰腴光润。二侍女着圆领窄袖长衫，下着长裙，两手拱于胸前，面向墓主夫人作送行状"②。

图2-54　门吏图1 山东省济南市文化东路冶金宾馆院内北齐墓 北齐
（采自徐光冀主编《中国出土壁画全集4 山东》，科学出版社2011年）

---

① 济南市博物馆：《济南市马家庄北齐墓》，《文物》1985年第10期。
② 济南市博物馆：《济南市马家庄北齐墓》，《文物》1985年第10期。

图 2-55 门吏图 2 山东省济南市文化东路冶金宾馆院内北齐墓 北齐
（采自徐光冀主编《中国出土壁画全集 4 山东》，科学出版社 2011 年）

图 2-56 武士图 山东省临朐县冶源镇海浮村崔芬墓 北齐
（采自徐光冀主编《中国出土壁画全集 4 山东》，科学出版社 2011 年）

益都北齐石室墓则以石板为材料，经过粗加工磨制后用阴线刻《男侍图》（图 2-57）。石板中央为一仆人牵引一匹骆驼，"仆人深目高鼻，短发，上穿翻领衫，腰系革带，右佩香囊，左挂短剑，下着紧腿裤，脚穿软底尖头皮鞋"。益都北齐石室墓商谈图绘"一仆人手托一盆，盆中热气蒸腾。仆人头戴巾子，身着斜领窄袖长衫，腰系革带，佩挂物不详，下穿紧腿裤，脚穿尖头软底皮靴"[①]。

---

① 夏名采：《益都北齐石室墓线刻画像》，《文物》1985 年第 10 期。

商人图

益都北齐石室墓一件石刻绘有《商谈图》(图2-58),画面上"一深目钩鼻、头发卷曲的商人,他身穿翻领长衫,前胸、后背、下摆均饰圆圈纹花边,腰带也饰圆圈纹,佩挂鞢韘,下穿紧腿裤,脚穿尖头软底皮靴。此商人穿着考究,面相肥胖,手捧一物,双腿弯曲,流露出殷勤献媚的姿态"①。

图2-57 男侍图 山东省益都北齐石室墓 北齐
(采自夏名采《益都北齐石室墓线刻画像》,《文物》1985年第10期)

图2-58 商谈图 山东省益都北齐石室线刻画像墓 北齐
(采自夏名采《益都北齐石室墓线刻画像》,《文物》1985年第10期)

---

① 夏名采:《益都北齐石室墓线刻画像》,《文物》1985年第10期。

(二) 历史类

历史人物是魏晋南北朝墓室壁画的重要题材之一，尤以南朝"竹林七贤与荣启期"模制镶嵌砖画最具代表性。从历史影响看，山东地区高士图像明显受南朝绘画风格影响。

高士图

济南市东八里洼北朝壁画墓就绘有"高士图"，在该墓室的"北壁及与东壁转角处，绘三足八扇赭石色屏风""中间四扇屏风每扇绘一人物，都是宽袍大袖，袒胸跣足坐于树下席上，身旁放置壶、盘、杯，正悠然自得，饮酒作乐。西起第四扇上人物身旁还有一侍童"[①]。

北齐崔芬墓出土的"竹林七贤"壁画承袭南朝主流"竹林七贤"绘画风格。其《高士图》（图 2-59 至图 2-63）人物造型与南京西善桥大墓出土的砖雕"竹林七贤"壁画人物造型颇为接近，可见东晋时期遗风。墓室东壁八楪以槐树、假山为背景绘人物屏风画，八位主要人物坐于方形茵席上，或握笔书写，或斜倚蒲墩，或抚须沉思，或瞑瞑醉态，多数衣冠不整，呈形骸放浪之状。根据文献推测，此八人应为魏晋时期的风流名士：阮籍、嵇康、山涛、王戎、向秀、刘伶、阮咸及春秋时期的隐士——荣启期。

图 2-59　高士图 1 山东省临朐县治源镇海浮村崔芬墓 北齐
（采自徐光冀主编《中国出土壁画全集 4 山东》，科学出版社 2011 年）

(三) 宗教类

魏晋南北朝时期，社会长期处于分裂割据的局面，反映到墓室绘画方面，这一时期墓室绘画题材逐渐形成了一些独具特色的时代特征，最突出的

[①] 邱玉鼎、佟佩华：《济南市东八里洼北朝壁画墓》，《文物》1989 年第 4 期。

图 2-60 高士图 2 山东省临朐县治源镇
海浮村崔芬墓 北齐
（采自山东省文物考古研究所、临朐县
博物馆《山东临朐北齐崔芬壁画墓》，
《文物》2002 年第 4 期）

图 2-61 高士图 3 山东省临朐县
治源镇海浮村崔芬墓 北齐
（采自山东省文物考古研究所、临朐县
博物馆《山东临朐北齐崔芬壁画墓》，
《文物》2002 年第 4 期）

一点就是墓室壁画题材或多或少地受到了宗教思想的影响。

重生信仰与道教

如济南市马家庄北齐墓中，画匠在甬道南口上方的土墙面上，以黑墨勾绘猛虎，"圆睛宽鼻，张牙舞爪，爪各三趾"，意在护卫墓主人的灵魂升天。同时在穹窿顶绘北斗七星、南斗六星图像，星座与星座之间均有线连接。画面西方绘赭色太阳，"东方绘月亮，月内绘蟾蜍、桂树和玉兔捣药"[①]。而在益都北齐石室墓 8 件线刻图像顶部出现大量以流云、朱雀、带翅玉兔为主题的图像。例如第 1、2、3、4、5 件石刻"四周饰流云纹

---

① 济南市博物馆：《济南市马家庄北齐墓》，《文物》1985 年第 10 期。

图2-62 高士图4 山东省临朐县冶源镇海浮村崔芬墓 北齐
（采自山东省文物考古研究所、临朐县博物馆
《山东临朐北齐崔芬壁画墓》，《文物》2002年第4期）

图2-63 高士图5 山东省临朐县冶源镇海浮村崔芬墓 北齐
（采自山东省文物考古研究所、临朐县博物馆
《山东临朐北齐崔芬壁画墓》，《文物》2002年第4期）

带，上部有一只朱雀向左侧展翅飞翔"，如《朱雀图》（图2-64、图2-65）；第8件石刻"四周用流云纹带装饰。画面上方有一带翅玉兔向左侧飞翔，兔嘴含一饰物"[1]。

北齐崔芬墓与益都北齐石室墓，均建于北齐时期，但朱雀造型截然不同。北齐崔芬墓《朱雀图》（图2-66）绘于墓室南壁西侧下部，画面中朱雀跨步奔行于彩云山峦间，两翅高展，引颈回顾，作欲腾飞状，朱雀喙衔莲花状仙草，头部右上方绘仙草一株，两腿间绘两朵祥云。另外在墓室东壁上部、墓顶下部绘《仙人乘龙图》（图2-67），墓室东西壁下部绘《日象图》（图2-68），《月象图》（图2-69），在墓室西壁上部、墓顶下部绘有《仙人御虎图》（图2-70）及西方七星宿。墓室北壁上部，壁龛横额及墓顶下部绘

---

[1] 夏名采：《益都北齐石室墓线刻画像》，《文物》1985年第10期。

图2-64 朱雀图1 山东省益都北齐石室线刻画像墓 北齐
（采自夏名采《益都北齐石室墓线刻画像》，《文物》1985年第10期）

图2-65 朱雀图2 山东省益都北齐石室线刻画像墓 北齐
（采自夏名采《益都北齐石室墓线刻画像》，《文物》1985年第10期）

《玄武图》（图 2-71）及《北方七星宿》。此外，济南市文化东路冶金宾馆院内墓中还绘有《白虎图》（图 2-72）。

图 2-66　朱雀图　山东省临朐县治源镇海浮村
崔芬墓　北齐
（采自山东省文物考古研究所、临朐县博物馆
《山东临朐北齐崔芬壁画墓》，《文物》2002 年第 4 期）

图 2-67　仙人乘龙图　山东省临朐县治源镇
海浮村崔芬墓　北齐
（采自山东省文物考古研究所、临朐县博物馆《山东
临朐北齐崔芬壁画墓》，《文物》2002 年第 4 期）

佛教

　　益都北齐石室墓线刻画像中，有一幅明确表现佛教题材的线刻画出现。该幅线刻画雕刻内容为《象戏图》（图 2-73）。图上、下用流云纹带装饰。画面中心为一大象，象的头部有用玉璧、花束组成的笼套饰件。象背上驮一大型方座，座栏有六根柱饰，柱头呈火焰状，方座下为覆莲饰。象前有一仆人牵引，仆人头戴巾子，穿斜领窄袖长衫，束圆圈纹腰带，带上挂短剑。画面上远方群山中有一座方形盝顶舍利塔，塔正面辟一门。①

---

① 夏名采：《益都北齐石室墓线刻画像》，《文物》1985 年第 10 期。

中国丝绸之路上的墓室壁画

图 2-68　日象图 山东省临朐县治源镇海浮村崔芬墓 北齐
（采自山东省文物考古研究所、临朐县博物馆
《山东临朐北齐崔芬壁画墓》，《文物》2002年第4期）

图 2-69　月象图 山东省临朐县治源镇海浮村崔芬墓 北齐
（采自山东省文物考古研究所、临朐县博物馆
《山东临朐北齐崔芬壁画墓》，《文物》2002年第4期）

图 2-70　仙人御虎图 山东省临朐县治源镇海浮村崔芬墓 北齐
（采自山东省文物考古研究所、临朐县博物馆
《山东临朐北齐崔芬壁画墓》，《文物》2002年第4期）

图 2-71　玄武图 山东省临朐县治源镇海浮村崔芬墓 北齐
（采自山东省文物考古研究所、临朐县博物馆
《山东临朐北齐崔芬壁画墓》，《文物》2002年第4期）

图 2-72 白虎图 济南文化东路冶金宾馆院内墓 北齐
（采自徐光冀主编《中国出土壁画全集 4 山东》，
科学出版社 2011 年）

（四）装饰类

装饰类纹样是墓室绘画的主要题材。

花卉图

淄博市临淄区 M5 墓（崔德墓）门扉正面发现大量浮雕装饰纹样。"门扉正面有等距离四道浮雕菱形和圆形忍冬、莲花花纹装饰，两端各一道忍冬花纹装饰；中部一小方孔，孔内有铁门环的残迹，方孔外围一浅浮雕八瓣莲花，莲花外为两圈缠绕的忍冬花纹装饰。"①

图 2-73 象戏图 山东省益都北齐
石室线刻画像墓 北齐
（采自夏名采《益都北齐石室墓线刻画像》，
《文物》1985 年第 10 期）

---

① 山东省文物考古研究所：《临淄北朝崔氏墓》，《考古学报》1984 年第 2 期。

自然场景

济南市东八里洼北朝壁画墓"北壁及与东壁转角处,绘三足八扇赭石色屏风。北壁及与东壁转角处,绘三足八扇赭石色屏风,屏风以上绘花草"①。

第三节 丝绸之路对兴盛期墓室壁画的影响

随着丝绸之路的开通,汉帝国与域外文化交流日渐频繁,各种西域物产开始传入中原,这一时期山东地区的墓室壁画也深受丝绸之路的影响,主要表现在以下三个方面:

一、墓室壁画有了一些佛教元素的表达。例如,山东高李村汉画像石墓,第三石左上方发现刻有"6个光头人物,身着肥大衣袍"②;山东东阿县邓庙汉画像石墓中室顶板画面出现"一朵巨大的莲花"③。这些画像题材很显然受到两汉时期原始佛教的影响。

二、墓室壁画中外来的新的题材增多,内容大大丰富。例如,山东临沂吴白庄汉画像石墓中墓门上横额、前室北壁立柱等位置都出现翼虎图像;山东莒县沈刘庄汉画像石墓东面北端方立柱"上刻一麒麟,中刻大鹰扑捉一兔"④。"通常这类图像多见于欧亚草原文化,是草原民族在艺术风格上对汉代的一种影响。"⑤

三、墓室壁画中有了商贸题材。例如,益都北齐线刻墓,首次出现中外商贾进行商谈的场面,尤为过去所未见。"这批线刻描绘了许多生活细节。特别是商旅驼运图和商谈图更为珍贵。南北朝时期有关丝绸之路的情况,文字记载较多,而益都傅家村出土的

---

① 山东省文物考古研究所:《济南市东八里洼北朝壁画墓》,《文物》1989年第4期。
② 邹城市文物管理处:《山东邹城高李村汉画像石墓》,《文物》1994年第6期。
③ 陈昆麟、孙淮生,等:《山东东阿县邓庙汉画像石墓》,《考古》2007年第3期。
④ 苏兆庆、张安礼:《山东莒县沈刘庄汉画像石墓》,《考古》1988年第9期。
⑤ 沈福伟:《中西文化交流史》,上海人民出版社,2014年,第59-64页。

这批北齐墓室线刻，则通过艺术形象体现出来。过去，丝绸之路公认始自长安，现在山东益都这批线刻的发现，反映了丝绸之路运输的物资来自全国各地，长安只是丝绸之路的主要起点。"①

---

① 夏名采：《益都北齐石室墓线刻画像》，《文物》1985年第10期。

第三章 繁荣期的墓室壁画

第三章　繁荣期的墓室壁画

繁荣期的墓室壁画指的是隋唐宋辽金元时期的墓室壁画。这一时期山东地区墓室壁画，其装饰图案、宗教信仰也有很好的表现，但主要以世俗化倾向为主，这应是该时期山东地区较为突出的一个特色。

第一节　隋唐墓室壁画

一、遗存梳理

截止到 2015 年，山东地区共发掘隋唐壁画墓 5 座，分别为：济南隋代吕道贵兄弟墓、山东嘉祥英山一号隋墓、山东嘉祥英山二号隋墓、山东宁津唐纪年墓、山东青州市郑母镇唐墓。

二、形制类型

（一）墓室形制类型

山东地区隋唐壁画墓主要有以下四种形式：石筑双室墓、长方形竖穴单室砖墓、砖砌双室墓和圆形穹窿顶单室砖墓。

由清理发掘的墓葬数量看，截止到 2015 年，石筑双室墓共发现 1 座，为济南隋代吕道贵兄弟 2 号墓。墓葬形制为石筑双室墓，由墓道和墓室组成，墓葬方位呈东西向，整个墓葬东西长 5.8 米、南北宽 3.75 米。该墓四壁用多块长度相等的长方形规则石条砌筑，地面用大小不规则的石板铺筑，顶部用弧形石筑成穹窿顶。①

长方形竖穴单室砖墓共发现 1 座，为山东青州市郑母镇唐墓。该墓呈西北、东南

---

① 济南市考古研究所：《济南隋代吕道贵兄弟墓》，《文物》2015 年第 1 期。

向，形制为长方形竖穴单室砖墓。墓壁用砖二顺一丁砌筑，墓底铺人字形砖一层。①

砖砌双室墓共发现 1 座，为山东宁津唐纪年墓。该墓为砖砌双室墓，墓底铺地砖，由前后两室组成。前室面积略大，为主室，长约 3 米、宽 2.5 米。东壁略外弧，北壁有一券门与后室相连，后室较小，长约 2 米、宽 1.5 米。

圆形穹窿顶单室砖墓共发现 2 座，为英山一号隋墓，位置向南略偏西，由墓道、墓室组成。墓道斜坡，长 4.8 米、宽 1.4 米，未砌砖石。墓室平面为不规则圆形，南北径长 4.8 米、东西径宽 3.2 米，高 5.2 米。建筑材料用长方青灰砖。② 英山二号隋墓，"墓系圆形单室砖券，穹形顶，由墓道与墓室组成，方向 199°，墓道未经清理，墓室南北长 6.2 米，东西宽 4.1 米，残高 3.1 米。墓室至墓门有一门洞相通，门洞长 2 米、宽 1.67 米、高 2.56 米"③。

（二）壁画形制类型

根据考古报告可知，这一时期的壁画形制主要分为以下两类：

其一为线刻画。如济南隋代吕道贵兄弟 M2 墓。门楣石为长方形，已断成两截，其正、反两面高浮雕一大一小两枚兽头。"雕刻较大兽头的一面应朝向前室，长 194 厘米、宽 50 厘米、厚 24 厘米。"④ 此外，山东宁津唐纪年墓⑤、英山一号隋墓⑥、英山二号隋墓⑦等都有线刻画出土。

其二为彩绘壁画。英山一号隋墓⑧壁画均彩绘在墓中白灰墙面及穹顶上，依其作画

---

① 青州市文物管理所：《山东青州市郑母镇发现一座唐墓》，《考古》1998 年第 5 期。
② 山东省博物馆：《山东嘉祥英山一号隋墓清理简报》，《文物》1981 年第 4 期。
③ 嘉祥县文物管理所：《山东嘉祥英山二号隋墓清理简报》，《文物》1987 年第 11 期。
④ 济南市考古研究所：《济南隋代吕道贵兄弟墓》，《文物》2015 年第 1 期。
⑤ 吕来升、王玉芝：《山东宁津发现纪年唐墓》，《考古》1993 年第 10 期。
⑥ 山东省博物馆：《山东嘉祥英山一号隋墓清理简报》，《文物》1981 年第 4 期。
⑦ 嘉祥县文物管理所：《山东嘉祥英山二号隋墓清理简报》，《文物》1987 年第 11 期。
⑧ 山东省博物馆：《山东嘉祥英山一号隋墓清理简报》，《文物》1981 年第 4 期。

部位与内容可分为两部分：一是穹顶上，绘天象图。二是墓室四壁，绘徐侍郎夫妇出行、宴饮等生活场景。

由壁画位置看，线刻画主要位于门楣、墓志表面，如济南隋代吕道贵兄弟 M2 墓线刻画主要刻于门楣石上；英山一号隋墓线刻画主要位于半圆形门楣、长方石门、门框、户枢等位置；英山二号隋墓线刻画主要位于半圆形门楣、长方石门、门框、门槛、门枕石上面；山东宁津唐纪年墓线刻画主要位于墓志四杀面。而彩绘壁画主要绘于门楣、墓室内壁和穹窿顶上，如英山二号隋墓的彩绘壁画。

二、题材类型

"山东地区隋唐时期壁画大都忠实地表现墓主人生前的生活，且多有准确的纪年，真实可靠。"① 与此同时，在这一时期，墓室壁画中的许多图像和母题都流露出宗教影响的痕迹。

（一）现实生活类

墓主人现实生活场景是隋唐壁画的主要题材，也是山东地区壁画墓频繁出现的一个主题。

出行图

英山一号徐敏行隋代墓，墓室北壁、东壁绘车马人物，反映墓主人生前生活的片断。西壁上绘的《备骑出行图》（图3-1），"前有二人一马，似为前导者，其中一人执缰，一人携乐器立马后；中间四人，分别持伞、扇和高柄行灯，似为仪仗队"。墓室东壁上绘《徐侍郎夫人出行图》（图3-2），"最前列四女侍执宫灯前导；其次是一帷屏牛车，应是女主人乘坐的安车，由四侍从护卫前行；车后为四个女侍，捧巾'帨'等器物；最后为饲犬人与双犬"②。

---

① 罗二虎：《中国美术考古研究现状》，上海大学出版社，2008年第1版，第52页。
② 山东省博物馆：《山东嘉祥英山一号隋墓清理简报》，《文物》1981年第4期。

图 3-1　备骑出行图　山东省嘉祥县英山徐敏行墓　隋代
（采自山东省博物馆《山东省嘉祥英山一号隋墓清理简报》，《文物》1981 年第 4 期）

图 3-2　徐侍郎夫人出行图　山东省嘉祥县英山徐敏行墓　隋代
（采自山东省博物馆《山东省嘉祥英山一号隋墓清理简报》，《文物》1981 年第 4 期）

图 3-3　夫妇宴饷行乐图 1　山东省嘉祥县英山徐敏行墓　隋代
（采自山东省博物馆《山东省嘉祥英山一号隋墓清理简报》，《文物》1981 年第 4 期）

墓主夫妇宴饮图

如英山一号隋墓壁画北壁绘《夫妇宴饷行乐图》(图3-3、图3-4)，画面中"徐氏夫妇举酒相敬，榻前有鼓吹乐人，庭中踢球人着胡装，球用绳系于腰间，两目注视踢起之球，一腿曲盘上踢，两手作起舞状，似与鼓乐合拍按节而动，其全神贯注之状，使观者神往"①。

小吏图

门下小吏图在山东地区隋唐壁画中共发现2处。其一绘于英山一号隋墓门洞内墙左侧，画面中人物"宽衣博袖，雍容而立"，随后跟一侍从。根据专家考证，该人物应为记室、主簿一类的门下小吏。其二绘于英山二号隋墓门洞东壁两壁龛内，其中各放一青石圆雕门吏。②

武士图

山东地区武士图仅发现英山一号隋墓1处，共2人，手中握剑，分立于墓室南墙墓门两侧。

伎乐图

徐敏行墓中有彩绘壁画《伎乐图》(图3-5)，该图绘于墓室北壁徐敏行夫妇木榻左边，树下有3人持横笛等乐器奏乐，人物比例合度，绘画风格继承了北齐娄叡墓、徐显秀墓的疏体画风。

男侍图、女侍图

隋唐时期，山东地区共发现男侍、女侍图5处，主要集中在山东嘉祥英山一号隋墓

图3-4 夫妇宴饷行乐图2
山东省嘉祥县英山徐敏行墓 隋代
(采自山东省博物馆《山东省嘉祥英山一号
隋墓清理简报》，《文物》1981年第4期)

---

① 关天相：《英山一号隋墓壁画及其在绘画史上的地位》，《文物》1981年第4期。
② 嘉祥县文物管理所：《山东嘉祥英山二号隋墓清理简报》，《文物》1987年第11期。

中。墓室北壁绘 3 人,其中 2 女侍分立于木榻两侧(见图 3-6《侍女图》),榻前 1 人作盘足踢跳状,似隋唐时期中原地区流行的胡旋舞。另外,出行图画面绘男侍、女侍 8 人,前 2 人在前引导,中间 4 人为仪仗(见图 3-7《仪卫图》),后 2 人牵马。在东壁画面中出现 4 男、4 女,共 8 人,其中 4 人为侍从护卫前行,车后为 4 个女侍。①

(二)宗教类

"隋唐五代时期,道教作为本土宗教进入全面繁荣的阶段。"这一时期,壁画中的许多图像和题材都可以明显地看出道教影响的痕迹。而作为外来宗教的佛教,在该阶段,已成为当时社会的主流信仰之一,并开始向统治阶级靠拢。在隋唐统治者的大力推行、倡导下,"佛教势力极大,各类佛教宗派也纷纷成立,在此氛围下,佛教思想观念深入到隋唐五代人生活的方方面面"②,其中包括墓室绘画。

图 3-5 伎乐图 山东省嘉祥县英山徐敏行墓 隋代
(采自徐光冀主编《中国出土壁画全集 4 山东》,
科学出版社 2011 年)

重生信仰与道教

英山一号隋墓穹窿顶绘天象图。"东方绘星星和太阳,涂朱色,画面已残。南、北两方都绘天体星辰,西方画有星星和月亮。在月亮里还可看到残半的桂树和捣药玉兔。"③ 北壁上部残存一翼兽的部分躯体,似是代表四神之一的白虎。东墙上方残存一段青龙。

英山二号隋墓半圆形门楣中刻一朱雀,上乘一神人,左右两门上各刻青龙、白虎,

---

① 山东省博物馆:《山东嘉祥英山一号隋墓清理简报》,《文物》1981 年第 4 期。
② 汪小洋主编:《中国墓室绘画研究》,上海大学出版社,2010 年第 1 版,第 126-127 页。
③ 山东省博物馆:《山东嘉祥英山一号隋墓清理简报》,《文物》1981 年第 4 期。

第三章 繁荣期的墓室壁画

图 3-6 侍女图 山东省嘉祥县英山徐敏行墓 隋代
（采自徐光冀主编《中国出土壁画全集 4 山东》，
科学出版社 2011 年）

图 3-7 仪卫图 山东省嘉祥县英山徐敏行墓 隋代
（采自徐光冀主编《中国出土壁画全集 4 山东》，
科学出版社 2011 年）

周围有卷云纹装饰。①

山东宁津唐纪年墓墓志四杀"各阴刻三人坐像，面向左，头戴'王'字冠帽，身着斜领长袍，每人怀抱一个生肖，自上面正中起按顺时针方向依次为子、丑、寅、卯、辰、巳、午、未、申、酉、戌、亥十二地支"②。

---

① 嘉祥县文物管理所：《山东嘉祥英山二号隋墓清理简报》，《文物》1987 年第 11 期。
② 吕来升、王玉芝：《山东宁津发现纪年唐墓》，《考古》1993 年第 10 期。

佛教

英山一号隋墓一组石刻画像中，有几幅明确表现佛教题材的线刻画出现。这组图像位于石结构墓门半圆形门楣处，上刻莲台、火焰及宝珠纹等。英山二号隋墓门楣石装饰有莲台、花卉，底部串珠镶边。

（三）装饰类

隋唐壁画中的装饰类纹样数量较多，其中大多数流露出宗教思想影响。

兽首图

山东地区隋唐时期5座壁画墓中，有3座均发现兽身、兽首装饰圆雕。济南隋代吕道贵兄弟M2墓门楣"两面皆刻有高浮雕兽头，兽头一大一小，推测此门楣可能是位于墓室内前后室之间的构件，雕刻较大兽头的一面应朝向前室，长194厘米、宽50厘米、厚24厘米"[①]。英山二号隋墓，前门枕石上方有一圆雕蹲兽，闭口微瞋，神态生动。[②] 英山一号隋墓与前两座墓不同，门枕石前上方刻有两个完整卧兽圆雕。[③]

花卉图

这一时期壁画墓大都装饰有花卉类纹样。英山一号隋墓墓门门楣上刻莲台，门框、户枢均装饰有二方连续卷草纹。山东宁津唐纪年墓，墓志上面的四角和四侧边各阴刻盛开的牡丹花叶图案。英山二号隋墓，半圆形门楣两侧饰莲台、花卉，墓门石门框饰卷草纹。

串珠图

该时期山东地区串珠纹样共发现2处，分别位于英山一号、二号隋代墓内。其中英山二号隋代墓串珠纹饰于墓门门楣、门框边缘，英山一号隋代墓串珠纹同样装饰于墓门门框边缘。

---

① 济南市考古研究所：《济南隋代吕道贵兄弟墓》，《文物》2015年第1期。
② 嘉祥县文物管理所：《山东嘉祥英山二号隋墓清理简报》，《文物》1987年第11期。
③ 山东省博物馆：《山东嘉祥英山一号隋墓清理简报》，《文物》1981年第4期。

山水画

英山一号隋代墓,"壁画里的山水未设独立画面,主要绘在屏风上及穿插在各画面间。屏风山水,多用横笔点树冠,树干用褚石,画树叶先着墨以落茄点和小米点来画成,着墨之后再设色"[①]。

第二节 宋代墓室壁画

一、遗存梳理

山东地区共发现 11 座属于宋代的墓葬,时间集中于北宋年间,主要分布于以下三个区域:济南地区有山东大学南校区宋代砖雕壁画墓、洪家楼宋代砖雕壁画墓和梁庄宋代壁画墓,章丘女郎山壁画墓等;滨州地区有北蔺村宋代壁画墓;烟台地区有莱州西山壁画墓 M1、M2,南五里村宋代纪年壁画墓和栖霞宋代壁画墓。

二、形制类型

(一)墓室形制类型

这一时期山东地区宋代壁画墓的形制较为简单,主要为单室墓,由墓道、甬道、墓室三部分组成。值得注意的是,该时期墓葬主要为仿木建筑砖砌单室墓,墓门两侧常砌方形底座,上砌普拍枋、橑檐枋、门楼。墓室内多砌倚柱,上承普拍枋、柱头枋,柱头枋上方砌橑檐枋。上雕大量花卉装饰纹样。

---

① 关天相:《英山一号隋墓壁画及其在绘画史上的地位》,《文物》1981 年第 4 期。

（二）壁画形制类型

这一时期的墓室图像形制，以墓室彩绘壁画为主，其中 5 座墓葬的彩绘壁画位置如下：济南洪家楼宋代砖雕壁画墓除墓顶外，墓壁均有壁画①；莱州西山壁画墓 M1 墓壁画出现于墓室西壁与北壁②；莱州西山壁画墓 M2 壁画集中于墓室的直壁立面，墓室的穹窿部分无壁画③；莱州南五里村宋代纪年墓壁画保存较好，主要绘制在墓门、甬道及墓室四壁④。另有济南山东大学南校区宋墓为砖雕壁画墓，墓室周壁均有绘画，且朱彩柱身上又有墨线绘莲瓣文⑤。

三、题材类型

这一时期山东地区墓室图像体系中神灵题材逐渐减少，世俗生活逐渐成为主流。从壁画内容看，题材更加世俗化，多表现墓主人宴饮、出行等生活场景以及表现生活日常器皿的灯檠、桌椅、茶盏等。

这些壁画题材大致可分为三类：

（一）现实生活类

出行图

烟台地区莱州南五里村宋代纪年壁画墓⑥甬道东壁下层为《出行图》（图 3-8）。画面绘制一匹黄骠马，马身高大，昂首面南，右前侧有一马夫，马的右侧后立二人。甬通西壁下层绘有《出行图》（图 3-9），画面中绘有一匹枣红马，马夫三人，甬道西壁内容

---

① 刘善沂、王惠明：《济南市历城区宋元壁画墓》，《文物》2005 年第 11 期。
② 闫勇、张英军、侯建业：《山东莱州发现两座宋代壁画墓》，《中国文物报》2014 年 7 月 4 日。
③ 闫勇、张英军、侯建业：《山东莱州发现两座宋代壁画墓》，《中国文物报》2014 年 7 月 4 日。
④ 闫勇、张英军、杨文玉，等：《胶东地区首次发现宋代纪年壁画墓》，《中国文物报》2013 年 12 月 6 日。
⑤ 倪润安：《北周墓葬的地下空间与设施》，《故宫博物院院刊》2008 年第 1 期。
⑥ 烟台市博物馆：《山东莱州南五里村宋代壁画墓发掘简报》，《文物》2016 年第 2 期。

 第三章　繁荣期的墓室壁画

图 3-8　出行图 1 山东莱州南五里村宋代壁画墓 宋代
（采自烟台市博物馆《山东莱州南五里村宋代壁画墓发掘简报》，《文物》2016 年第 2 期）

图 3-9　出行图 2 山东莱州南五里村宋代壁画墓 宋代
（采自烟台市博物馆《山东莱州南五里村宋代壁画墓发掘简报》，《文物》2016 年第 2 期）

与东壁相似。

宴饮图

山东莱州南五里村宋代壁画墓①南壁绘《宴饮图》（图 3-10 至图 3-14），画面以墨线勾勒，填以单色染彩，表现侍女在厨房内工作的场景，似在描绘"开芳宴"前准备的场面。画面中侍女体态丰腴，长眉秀目，束高髻，身着窄袖襦裙，肩披帔帛。画面左侧绘两方桌，其上放置 10 件高足盘及 1 件食盒，盘内盛满食物。方桌周围站 6 侍女，右侧一人着白襦黄裙，帔帛，双手持一带盖小罐；中间一人头包黄巾，神态威严，向左前方平视，左侧一人着赭色襦裙，双手端高瓶。外侧三人，右起第一人包黄色头巾，白色

---

① 烟台市博物馆：《山东莱州南五里村宋代壁画墓发掘简报》，《文物》2016 年第 2 期。

图 3-10　宴饮图 1 山东莱州南五里村宋代壁画墓　宋代
（采自烟台市博物馆《山东莱州南五里村宋代
壁画墓发掘简报》，《文物》2016 年第 2 期）

襦裙，裙饰红色小簇团花，帔帛，手持一长扇，上楷书"富贵日兴"；中间侍女着红襦白裙，帔帛，双手端食盒，与中间两侍女对视。画面右端绘一方桌，桌上放置一盏顶茶笼及一摞盏托，两摞倒扣叠合的葵口盘，方桌内侧绘一人，面部脱落，手拿抹布作擦拭状。桌前一人，形象与前文。手拿长扇侍女相同，扇面楷书"金车入门"。

伎乐图

墓室西壁南侧为《伎乐图》(图 3-15 至图 3-17)，画面表现的是女乐伎演奏的场景。乐伎均束高髻，身着白色或橘红色窄袖襦裙，裙上装饰小簇团花，肩披帔帛，分前后两排站立。后排五人，左起第一人头戴发巾，怀抱曲颈琵琶，作弹奏状；第二人头包黄色发巾，面向左，双手执鼓棒作击鼓状；第三人面向右，下身被椅子遮挡，双手执吹笛，作吹奏状；第四人头包黄色发巾，向左四分之三侧视，右手执一短棍作击打状；第五人头包黄巾，面向左，手持单箫，进行演奏。

前排人物形象与后排基本相同，左起第一人头包黄色发巾，向左躬身弯腰作施鼓状；第二人头包红色发巾，面向左，裙下露鞋，双手执拍板；第三人头包红色发巾，裙下露鞋，双手捧笙，作吹奏状。演奏乐伎右侧立一侍女，手持长扇，扇面残存"齐寿"二字。

家具图

山东莱州西山 M1 壁画墓，墓室西壁画面为彩绘砖雕《桌椅图》(图 3-18、图 3-19)，绘有一桌二椅，方桌上置有茶盏器具，桌左右两侧各绘一椅，桌面下部有二横撑，左侧高椅之上搭披朱色织锦。此外，墓室中上层建筑图案主要为倚柱，下层的生

第三章 繁荣期的墓室壁画

图 3-11　宴饮图 2 山东莱州南五里村
　　　　宋代壁画墓 宋代
（采自烟台市博物馆《山东莱州南五里村宋代
壁画墓发掘简报》，《文物》2016 年第 2 期）

图 3-12　宴饮图 3 山东莱州南五里村
　　　　宋代壁画墓 宋代
（采自烟台市博物馆《山东莱州南五里村
宋代壁画墓发掘简报》，《文物》2016 年第 2 期）

东部卷·山东分卷

图 3-13　宴饮图 4 山东莱州南五里村
　　　　宋代壁画墓 宋代
（采自烟台市博物馆《山东莱州南五里村宋代
壁画墓发掘简报》，《文物》2016 年第 2 期）

图 3-14　宴饮图 5 山东莱州南五里村
　　　　宋代壁画墓 宋代
（采自烟台市博物馆《山东莱州南五里村宋代
壁画墓发掘简报》，《文物》2016 年第 2 期）

 第三章 繁荣期的墓室壁画

图 3-15 伎乐图 1 山东莱州南五里村宋代壁画墓 宋代
（采自烟台市博物馆《山东莱州南五里村宋代壁画墓发掘简报》，《文物》2016 年第 2 期）

图 3-16 伎乐图 2 山东莱州南五里村宋代壁画墓 宋代
（采自烟台市博物馆《山东莱州南五里村宋代壁画墓发掘简报》，《文物》2016 年第 2 期）

图 3-17 伎乐图 3（局部）山东莱州南五里村宋代壁画墓 宋代
（采自烟台市博物馆《山东莱州南五里村宋代壁画墓发掘简报》，《文物》2016 年第 2 期）

活场景壁画为灯檠、桌子图及《门窗图》（图 3-20）等。东壁画面为《灯檠图》（图 3-21）、《衣架图》（图 3-22、图 3-23）。北壁画面为门窗图。南壁画面为门、窗图。①

1986 年济南市山东大学千佛山校区宋代墓，发掘清理出大量家具题材壁画。墓室东北壁绘有一桌二椅，方桌为鹤膝桌，足部做出马蹄，上置注壶和台盏，桌面两侧各绘一椅，椅面变形，面向观者，椅面上用墨线勾勒方框，中间绘四瓣花卉。正北壁中间绘一板门，门楣上有两个圆形门簪，门扉涂黄彩。门两侧绘棂窗。门两侧及棂窗四周用朱彩绘粗框，在棂窗外侧各绘一长条凳，凳上各放三个纱笼，两端绘朱彩，后面墙壁上有垂幔。另外，在墓室东南壁画面左侧绘一"品"字形灯檠，灯檠右侧放一矮柜，矮柜上放置木箱。与之相对应，墓室西壁两倚柱间绘一衣架，上挂布帛，下方有两大罐和熨斗，右侧绘立柜，上放漆盒。除上述家具以外，墓室西南壁画两组木架，经考证为舂米、筛米工具。

男侍、女侍图

山东莱州西山 M1 壁画墓，墓室西壁绘《侍女图》（图 3-24 至图 3-26）椅子后绘一侍女，低眉朱唇，面颊淡红，低髻，发系一红色带巾挽于脑后，身着红色窄袖褙子，内着白色团领衫，束抹胸，下身着白裙，双手抄于袖中；右侧椅子上搭朱色织锦，椅子后绘人物，由于脱落，头部不清，从服饰可辨为一青衣男子形象。② 此外，上文提到，山东莱州南五里村宋代壁画墓也出现大量侍女图像。

---

① 闫勇、张英军、侯建业：《山东莱州发现两座宋代墓壁画》，《中国文物报》2014 年 7 月 4 日。
② 闫勇、张英军、侯建业：《山东莱州发现两座宋代墓壁画》，《中国文物报》2014 年 7 月 4 日。

第三章 繁荣期的墓室壁画

图 3-18 桌椅图 1 山东省山东大学千佛山校区宋代墓 宋代
（采自徐光冀主编《中国出土壁画全集 4 山东》，科学出版社 2011 年）

图 3-20 门窗图 山东省山东大学千佛山校区宋代墓 宋代
（采自徐光冀主编《中国出土壁画全集 4 山东》，科学出版社 2011 年）

图 3-19 桌椅图 2（局部）山东省山东大学千佛山校区宋代墓 宋代
（采自徐光冀主编《中国出土壁画全集 4 山东》，科学出版社 2011 年）

东部卷·山东分卷

中国丝绸之路上的墓室壁画

图 3-21 灯檠图 山东省山东大学千佛山校区宋代墓 宋代
（采自徐光冀主编《中国出土壁画全集 4 山东》，科学出版社 2011 年）

图 3-22 衣架图 1 山东省山东大学千佛山校区宋代墓 宋代
（采自徐光冀主编《中国出土壁画全集 4 山东》，科学出版社 2011 年）

图 3-23 衣架图 2 山东省山东大学千佛山校区宋代墓 宋代
（采自徐光冀主编《中国出土壁画全集 4 山东》，科学出版社 2011 年）

第三章 繁荣期的墓室壁画

图 3-24 侍女图 1 山东莱州南五里村
宋代壁画墓 宋代
（采自烟台市博物馆《山东莱州南五里村
宋代壁画墓发掘简报》，《文物》2016 年第 2 期）

图 3-25 侍女图 2 山东莱州南五里村
宋代壁画墓 宋代
（采自烟台市博物馆《山东莱州南五里村
宋代壁画墓发掘简报》，《文物》2016 年第 2 期）

东部卷·山东分卷

85

图 3-26　侍女图 3 山东莱州南五里村宋代壁画墓 宋代
（采自烟台市博物馆《山东莱州南五里村
宋代壁画墓发掘简报》，《文物》2016 年第 2 期）

图 3-27　青龙图 山东莱州南五里村宋代壁画墓 宋代
（采自烟台市博物馆《山东莱州南五里村
宋代壁画墓发掘简报》，《文物》2016 年第 2 期）

（二）宗教类题材

这一时期，山东地区墓室壁画明显流露出世俗影响的痕迹，以宗教为主题的壁画内容逐渐减弱，属于宗教题材类的壁画仅发现 2 幅，分别位于山东莱州西山 M1 壁画墓以及莱州南五里村宋代纪年壁画墓。

重生信仰与道教

山东莱州西山 M1 壁画墓，墓室北壁绘一朱色门，在门的东西两侧分别绘一青龙、白虎形象，白虎蹲伏地上。①

莱州南五里村宋代纪年壁画墓，墓室东壁画面的《青龙图》（图 3-27）为墨线绘制，头向南；墓室西壁画面为《白虎图》（图 3-28），画面以墨线勾勒一只猛虎，头向南，昂首翘尾，目视前方，作奔跑状。②

（三）装饰类题材

花卉图

如洪家楼墓室壁画中的花卉纹饰。莱州南五里村宋代纪年壁画墓中，室内壁画中间

---

① 闫勇、张英军、侯建业：《山东莱州发现两座宋代壁画墓》，《中国文物报》2014 年 7 月 4 日。
② 闫勇、张英军、杨文玉、许盟刚、赵娟：《胶东地区首次发现宋代纪年壁画墓》，《中国文物报》2013 年 12 月 6 日。

斗拱绘制缠枝牡丹，木门门额顶部两侧亦画缠枝牡丹图案①。

1986年山东大学千佛校区宋墓，墓室内阑额上下两边勾墨线，拱眼板上《牡丹花图》（图3-29）用墨线勾边，叶瓣内涂朱彩，花心涂黄色。花卉形式为宋代墓室壁画装饰图案主流风格。

图 3-28　白虎图 山东莱州南五里村
宋代壁画墓 宋代
（采自烟台市博物馆《山东莱州南五里村
宋代壁画墓发掘简报》，《文物》2016年第2期）

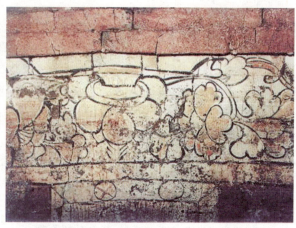

图 3-29　牡丹花图 山东大学千佛校区宋墓 宋代
（采自徐光冀主编《中国出土壁画
全集4 山东》，科学出版社2011年）

---

① 闫勇、张英军、杨文玉、许盟刚、赵娟：《胶东地区首次发现宋代纪年壁画墓》，《中国文物报》2013年12月6日。

第三节 金代墓室壁画

一、遗存梳理

金代墓葬艺术长期以来鲜有人关注，其原因不外乎有二：其一，金代是宋辽金元时期存在时间最短的一个王朝，仅存在119年，而且墓葬发掘数量较少。其二，宋辽金元西夏，同一历史时期，多个政权并立，除少数有明确纪年墓外，其余很难把握准确时间，难以断代。近年来随着考古发掘的新发现，学者们又开始关注，研究成果颇丰。截止到2015年，山东地区共发现金代壁画墓7座，分别为济南金代M1砖雕壁画墓、济南市区1号金墓、济南市区2号金墓、济南市区3号金墓、山东高唐金代虞寅墓、山东淄博市博山区金代壁画墓、山东淄博市临淄金代壁画墓。

二、形制类型

（一）墓室形制类型

山东地区金代壁画墓主要有以下五种形式：其一为圆形仿木结构砖砌单室墓；其二为六角形单室墓；其三为圆形砖室单室墓；其四为仿木结构砖砌单室墓；其五为砖室双室墓。

其中圆形仿木结构砖砌单室墓共发现1座，为济南金代M1砖雕壁画墓。墓室为圆形单室砖砌仿木结构，由墓道、墓门、甬道、墓室四个部分组成。

圆形砖室单室墓共发现3座，分别为济南市区2号金墓、济南市区3号金墓、山东高唐金代虞寅墓。墓室均为仿木结构建筑的圆形砖砌单室墓，由墓道、甬道和墓室三部分组成。墓室平面呈圆形。

仿木结构砖砌单室墓共发现1座,为山东淄博市博山区金代壁画墓。该墓为砖砌,仿木建筑,由墓门、甬道、墓室等构成。

砖室双室墓共发现1座,为山东淄博市临淄宋金壁画墓。该墓为砖室结构,由前后室、左右耳室、甬道、墓门和墓道等部分组成。

此外,发掘于1964年的济南地区1号金墓(图3-30),是现在已知山东地区金代墓葬中唯一采用六角形结构砌筑的单室墓。该墓方向为南北向,平面呈六角形,由墓道、甬道、墓室组成。

(二)壁画形制类型

与之前朝代相比,这一时期,砖雕壁画成为墓葬绘画的主流表现形式,与墓室壁画呈现分庭抗礼的局面,这在以前是不多见的。在这里我们重点研究金人墓室壁画及砖雕彩绘。

其一是雕砖壁画,如济南市区1号金墓,墓室北壁、东北壁、东南壁、西南壁分别雕隔扇四扇,一桌两椅,镜台一座,小桌、小茶几各一个。其余画面均为彩绘。① 这样的绘画形制还有济南金代M1砖雕壁画墓②、济南市区2号金墓③、济南市区3号金墓④、山东高唐金代虞寅

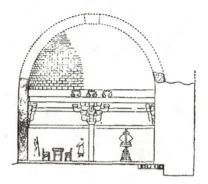

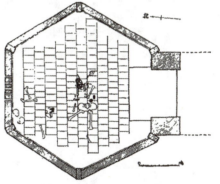

图3-30 墓葬平、剖面图 济南地区1号金墓 金代
(采自王建浩《济南市区发现金墓》,《考古》1979年第6期)

---

① 济南市博物馆:《济南市区发现金墓》,《考古》1979年第6期。
② 济南市博物馆、济南市考古所:《济南市宋金砖雕壁画墓》,《文物》2008年第8期。
③ 济南市博物馆:《济南市区发现金墓》,《考古》1979年第6期。
④ 济南市博物馆:《济南市区发现金墓》,《考古》1979年第6期。

墓①等。

其二是墓室彩绘壁画，如山东淄博市博山区金代壁画墓，墓室穹窿顶绘大量装饰性图案，周壁壁画内容均表现墓主人生活。其他壁画墓还包括：济南金代 M1 砖雕壁画墓②、山东高唐金代虞寅墓③、山东淄博市临淄宋金壁画墓④。

由壁画位置看，雕砖画主要位于墓室内，多表现桌、椅、镜台、门扇、窗棂等家具摆件。而墓室彩绘壁画主要绘于仿木构建表面、墓室内壁及穹窿顶上。

三、题材类型

（一）现实生活类

墓主夫妇图

山东淄博市博山区金代壁画墓室东壁绘制《墓主夫妇端坐图》（图 3-31）。方桌右侧男主人坐于木椅上，方桌左侧有两位夫人亦坐于木椅上。男墓主人阔面广额，深目隆鼻，胡须稀疏，以细墨线描画，染以浅黄色。头顶右上方石灰层剥落，仅留头顶左部，应以乌巾束发，上结方顶。抄手垂足坐于椅上。身着白色长袍，窄袖，方形红色外翻开领，胸前有直缝，腰束黄色腰带，胯部以下开衩。方桌左边的两位妇女皆梳高髻，插簪，前发分披，广额，脸庞浑圆，蛾眉细目。左边着红色褙子者体态偏瘦，右边着浅黄绿色褙子者为一体态丰满的中年妇女形象。两人所着褙子为对襟宽幅直领，腋下开衩，长袖，长及脚踝。内着白色百褶长裙，长裙及地蔽足，胸前开襟处可见低胸裹衣（内衣），抄手垂足端坐于椅子上。⑤

---

① 陈昆麟：《山东高唐金代虞寅墓发掘简报》，《文物》1982 年第 1 期。
② 济南市博物馆、济南市考古所：《济南市宋金砖雕壁画墓》，《文物》2008 年第 8 期。
③ 陈昆麟：《山东高唐金代虞寅墓发掘简报》，《文物》1982 年第 1 期。
④ 许淑珍：《山东淄博市临淄宋金壁画墓》，《华夏考古》2003 年第 1 期。
⑤ 李鸿雁：《山东淄博市博山区金代壁画墓》，《考古》2012 年第 10 期。

出行图

济南金代 M1 砖雕壁画墓，甬道东壁绘《赶车图》（图 3-32）。画面中一《驴驾篷车北行图》（图 3-33）。"车夫头系蓝巾，身着对襟袴，左手抓缰，右手持鞭，回首张望。驴身置鞍，车篷两侧垂挂帷帐。车后跟一人，亦头系蓝巾，身着对襟浅蓝色长袍。车左后方随一黑狗。"①

西壁绘牵马图。"一骏马南行。马夫头系蓝巾，身着对襟长袍，右手持鞭，左手似抓缰。马着鞍配镫，项下系缨，身涂浅蓝色"。

图 3-31　墓主夫妇端坐图　山东淄博市博山区金代壁画墓　金代
（采自李鸿雁《山东淄博市博山区金代壁画墓》，《考古》2012 年第 10 期）

图 3-32　赶车图　济南金代 M1 砖雕壁画墓　金代
（采自济南市博物馆、济南市考古所《济南市宋金砖雕壁画墓》，《文物》2008 年第 8 期）

图 3-33　驴驾篷车北行图　济南金代 M1 砖雕壁画墓　金代
（采自济南市博物馆、济南市考古所《济南市宋金砖雕壁画墓》，《文物》2008 年第 8 期）

---

① 济南市博物馆、济南市考古所：《济南市宋金砖雕壁画墓》，《文物》2008 年第 8 期。

山东淄博市博山区金代壁画墓券门东侧绘《备马图》(图 3-34),一人牵一马,表现仆人为主人出行备马的情景。"马首高及人肩,马四肢健硕,浑身红毛,黑鬃分披,圆臀细颈。辔头、马衔描摹细微,黄色高鞍,宽带马镫,青灰色障泥。"

图 3-34 备马图 山东淄博市博山区金代壁画墓 金代
(采自李鸿雁《山东淄博市博山区金代
壁画墓》,《考古》2012 年第 10 期)

图 3-35 车马出行图 山东淄博市博山区
金代壁画墓 金代
(采自李鸿雁《山东淄博市博山区金代
壁画墓》,《考古》2012 年第 10 期)

墓室西壁绘有《车马出行图》(图 3-35),画面中的"马为健硕的黄骠马,头小,耳短,马首高扬,长鬃分披,前腿挺立,前胛肌肉块突出,马臀浑圆,后腿粗壮有力,一腿蹬地,一腿高抬。黄色高鞍,青灰色障泥,宽带马镫,辔头、羁、后鞧、缰绳配备齐全"[1]。

---

[1] 李鸿雁:《山东淄博市博山区金代壁画墓》,《考古》2012 年 10 期。

建筑图

济南金代 M1 砖雕壁画墓墓室北壁雕刻有一座仿木二层楼阁，见《仿木二层楼阁》（图 3-36），每层三间。仿木楼阁与两侧倚柱之间内绘一龟趺圭形碑，上书"大吉"二字。

图 3-36　仿木二层楼阁 济南金代 M1 砖雕壁画墓北壁　金代
（采自济南市博物馆、济南市考古所《济南市宋金砖雕壁画墓》，《文物》2008 年第 8 期）

图 3-37　男侍 济南金代 M1 砖雕壁画墓　金代
（采自济南市博物馆、济南市考古所《济南市宋金砖雕壁画墓》，《文物》2008 年第 8 期）

男侍图、女侍图

济南金代 M1 砖雕壁画墓墓室，第一空间（院落）亭南侧绘《男侍图》（图 3-32），画面中"一男仆，面北而立，八字唇髭，头戴蓝巾，身着深蓝竖领浅色长袍，双手持盘，盘内放置宝物，放射金光"。第二空间（室内）南侧绘"一侍女，面北，左手提壶，右臂前指。北侧绘《女侍图》（图 3-38），画中有二侍女，均双手托盘。三侍女均梳'R'形发髻，面颊丰腴，身着对襟长袍，内穿裙"。

M1 室内"靠桌者为一叉手面南而立的侍童，梳童髻，着浅蓝色圆立领长袍。另二人均留八字唇髭，头系蓝巾，穿圆立领长衫，束腰，下着裤。中间一人右手怀抱鸡腿

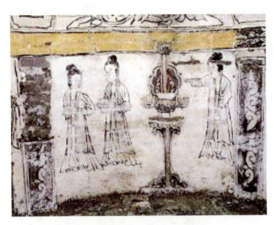

图 3-38 女侍图 济南金代 M1 砖雕壁画墓 金代
（采自济南市博物馆、济南市考古所《济南市宋金砖雕壁画墓》，《文物》2008 年第 8 期）

坛，左臂北指"。"北边一人双手持盘，面南。仿木楼阁与两侧倚柱之间第三空间亭南绘一留须男仆，着立领蓝衫，束腰，浅裤。双手持帚，作扫除状"①。

济南市区金墓 M1 东北壁右椅后绘一男像，头残，身穿长袍，束腰，执一扇，面向北立。左椅后绘一人像，身穿束腰长裙，头梳发髻，手握竹竿，面向南立。

东南壁桌右绘一女像，身穿长裙曳地，双手捧托食物，面向南②。

济南市区 3 号金墓墓室东南隅有砖雕女像。"两个雕像相背而立，头梳高髻，身穿曳地长裙，作拱手状。"③

山东高唐金代虞寅墓"墓室建造有门、窗、柱，完全模拟地面建筑。有六条象征性的砖砌立柱，把墓室分成七间。其一，第二间正中有砖砌灯架一个。其二，第三间和第五间各有长 106 厘米、宽 55 厘米的彩绘花窗一个"④。

山东淄博市博山区金代壁画墓券门东侧绘一仆人立于马头左前，面向外，侧目视马首，面庞圆胖，小八字胡须，眉细眼小，身躯粗壮。以乌巾束发，身着青灰色窄袖盘领长袍，下有襞积，腰束黄色宽幅腰带，长袍长及膝下小腿中部。长袍下露出分裆窄筒裤，裤脚略内收，裤白色。脚着白袜，浅口黑布鞋，鞋前端翘尖。右手被马首遮挡，应是持缰牵马，左手抬手置胸前。⑤

山东淄博市临淄宋金壁画墓后室壁画"第一组《侍从图》（图 3-39、图 3-40），为

---

① 济南市博物馆、济南市考古所：《济南市宋金砖雕壁画墓》，《文物》2008 年第 8 期。
② 济南市博物馆：《济南市区发现金墓》，《考古》1979 年第 6 期。
③ 济南市博物馆：《济南市区发现金墓》，《考古》1979 年第 6 期。
④ 陈昆麟：《山东高唐金代虞寅墓发掘简报》，《文物》1982 年第 1 期。
⑤ 李鸿雁：《山东淄博市博山区金代壁画墓》，《考古》2012 年第 10 期。

三个男子。前一人呈叉手姿势，中间一男童双手托一红色托盘，盘内有两个黑色小盏杯，后一人手中物品看不清。前、后两人头带幞头，三人均窄袖圆领衫，前一人衣衫较短，露出长袴，后二人穿短袴长衫"。

第二组《侍从图》，绘一女一男。侍女头梳高发髻，手托红色食品盒，服饰为上襦下裙，其前立一男童，身穿窄领圆领衫，头顶好像盘绕发辫，手托黑色盏杯和红色托子。

第三组《侍从图》(图 3-41)，绘有二女一男。二侍女均为高发髻，双手分别托着食品盒和酒瓶，衣着均为上襦下裙。在二侍女前方有一男子头顶束一小髻，身穿窄袖圆领衫，双手托一盏杯和托子。

第四组《侍从图》(图 3-42)，绘"二侍女和一大帐。后侍女头顶部有高发髻轮廓线，手托盏杯和漆盘。前侍女手中物品不明，好似一容器，其头顶部似绘出向两侧垂下的墨线。二侍女服饰均为上襦下裙，皆立于帐侧"①。

山东淄博市博山区金代壁画墓墓室东壁男墓主身后立一男仆，拱手及胸。圆脸

图 3-39　侍从图 1　山东淄博市临淄宋金壁画墓　金代
(采自李鸿雁《山东淄博市博山区金代壁画墓》，
《考古》2012 年第 10 期)

图 3-40　侍从图 2 局部　山东淄博市临淄宋金壁画墓　金代
(采自李鸿雁《山东淄博市博山区金代壁画墓》，
《考古》2012 年第 10 期)

---

① 许淑珍：《山东淄博市临淄宋金壁画墓》，《华夏考古》2003 第 1 期。

图 3-41　侍从图 3　山东淄博市临淄
宋金壁画 金代
（采自李鸿雁《山东淄博市博山区金代壁画墓》，
《考古》2012 年第 10 期）

图 3-42　侍从图 4　山东淄博市临淄
宋金壁画墓后室壁画 金代
（采自李鸿雁《山东淄博市博山区金代壁画墓》，
《考古》2012 年第 10 期）

小眼，上唇及下颌有黑须。乌巾束发，身着红色窄袖盘领长袍，盘领为白色。腕部袖口缩紧，腰束黄色腰带。长袍及膝下露白色裤腿，裤脚及踝，裤脚下露一截白袜，脚穿浅口黑鞋。

此外女墓主椅后立一侍女，发型与女墓主相同，圆脸尖颏，抄手站立。所着对襟直领褙子为黄褐色，黄色宽带缘领，开襟仅及胸部以下，长袖，胸部以下为裙，两侧下部开衩及胯，长及膝下，内着浅黄色百褶长裙，裙角曳地。

墓室北壁壁画假门右侧、北壁东部绘一正面男仆形象，脸面只留下左耳及鼻下嘴巴部分，颏下无须。身着灰色长袍，黄色盘领，窄袖及腕，露手，缝腋，束黄色腰带，左侧腰后露一截腰带头，腰下开衩，为襞积。身前的一片襞积短于袍下缘。袍长达小腿中部，袍下一截白色窄筒裤，裤脚略收紧。白袜，浅口黑鞋。双手拱于胸前。

假门左侧、北壁西部绘一站立女子，其身份应为侍女或仆妇，高髻簪笄，面庞丰满圆润，身着红色褙子，黄色直领，对襟，开襟至胸下。腰下前身为裙，两侧开衩，长及膝下。长袖，内着白色褶裙，裙长及地。胸前抄手入袖，右小臂搭白色长巾，面向大门。

西壁北部、花棂窗右侧侧身向窗方向站立

一个黑须男子，乌巾束发，折垂于后。圆脸，大耳，眉目细长，八字黑须。身着青褐色长袍，黄色盘领，窄长袖，袖口在腕部收紧，缝腋，下为襞积。腰系黄色宽带吐鹘，身后左侧露出一长截革带，腹前腰带正中有一圆形銙鞢。袍长及膝下，着白色窄筒长裤，白袜。鞋部的石灰层剥落，不可辨识。双手拱于胸前。

西壁南部、花棂窗左侧绘"一人牵马、一人挑担的备马出行图。马首向南，马首前站一牵马人，身向右前方，面转向左，俯视马首。人为乌巾束发，顶上两巾角上翘。圆脸肥胖，面净无须，嘴角上翘。身着红色长袍，黄色盘领，窄长袖，袖口及腕收紧，缝腋。腰系黄色革带，革带在腰后左侧一截下垂，应是'尾'。长袍在腰下左右开衩，长及小腿中部，下露窄筒白色长裤，裤脚收紧。袜及鞋的部位石灰层剥落。左手提马缰，右臂提肘举手胸前，握拳翘拇指"。

西壁马的侧后"绘一挑夫，乌巾束发，顶上两巾角上翘。肥头大耳，八字黑胡须。侧身向右，面朝马首方向作挑担行走状，右手持担杖，担杖放于右肩上，身后担杖上挑一件大红色倒置的雨伞样物品。身着盘领缝腋长袍，窄长袖，袖口收紧。马后腿间露出挑夫左腿下端，窄筒白裤，裤脚收紧，白袜，浅口黑鞋"①。

开芳宴图

济南金代 M1 砖雕壁画墓墓室"第三空间绘墓主开芳宴。墙壁正中绘悬幔，其下似为大幅中堂，两侧为条幅，所书字迹极为潦草，均不识。桌面涂朱彩，上置食品。南侧椅上铺椅披，坐男主人，身着圆领白色长袍，双手抄袖；北侧座位只搭黄椅披"②。

儿童嬉戏图

济南金代 M1 砖雕壁画北壁仿木砖雕二层楼阁上绘《儿童嬉戏图》（图 3-43），其中，下层明间及次间各绘一戏耍的髡发儿童，形态各异。

---

① 李鸿雁：《山东淄博市博山区金代壁画墓》，《考古》2012 年第 10 期。
② 济南市博物馆、济南市考古所：《济南市宋金砖雕壁画墓》，《文物》2008 年第 8 期。

图 3-43 儿童嬉戏图 济南金代 M1 砖雕壁画 金代
（采自济南市博物馆、济南市考古所《济南市宋金砖雕壁画墓》，《文物》2008 年第 8 期）

家具图

济南金代 M1 砖雕壁画墓仿木楼阁与两侧倚柱之间第二空间（室内）绘墓主家庭生活场景。南侧绘一方桌，桌面涂朱彩，上置一带托的注子、一盏托、一似食品之物。桌后立衣架，上搭一长巾①。

济南市区 1 号金墓墓室北壁正中雕"槅扇四扇。两侧两扇较大，中间两扇较小。东北壁雕一桌二椅，东南壁雕一镜台，西南壁中央雕一小桌，桌上放食盒和碗。桌左边雕一小茶几，上放香炉"。

济南市区 2 号金墓内室北壁正中，雕半开方盒和直棂窗，周壁砌有几件砖雕家具，东壁为一桌一椅，西北为一长桌。

济南市区 3 号金墓内室南面设一券门，门内左右各有一直棂窗。"对门的北壁雕一后门。左壁雕镜架一个、桌子一张、椅子两把、茶几一个，右壁雕橱和大方桌各一。"②

山东淄博市博山区金代壁画墓墓室东壁画面中间绘制一张以墨线勾勒、填以黄彩的《大木方桌》（图 3-44），立面正向朝外。木方桌有四腿，桌面上无卯榫痕迹。桌面下两桌腿间有长三角形的卷云纹檐板（又称牙板）。桌腿下端平齐，无装饰性造型。桌面为白色，桌面靠外缘摆放两个直口平底的白色浅盘，中间放一个直壁深腹平底喇叭形圈足的白色大碗，远端和两侧放有三个造型奇特的食器，喇叭形圈足，中部为圆形大平盘，

---

① 济南市博物馆、济南市考古所：《济南市宋金砖雕壁画墓》，《文物》2008 年第 8 期。
② 济南市博物馆：《济南市区发现金墓》，《考古》1979 年第 6 期。

平盘上为直壁深腹圆筒状器身，器身上口放一个直口浅腹的白色大碗①。

墓主夫妇所坐木椅形制相同，均为无扶手的"官帽椅"。椅背两条后腿略呈磬折状，后腿上端横档（又称搭脑）平齐，横档两端长于后腿宽度形成探头，靠背板呈"S"形。椅子座板下有卷云样的通栏牙板。椅腿下端平齐，无装饰。椅子前有与前腿间距等长、高及前腿三分之一的长方形"脚踏"。

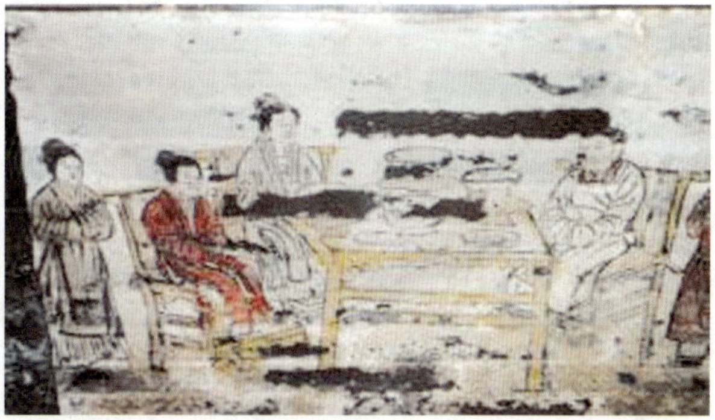

墓室西壁彩绘备马人物图。墓壁中间为一砖雕加彩绘的方形十字花瓣纹样的棂窗。

山东淄博市临淄宋金壁画墓第五组，分别绘在后室甬道的顶部及两侧。"图案为两个灯台，灯台旁分别绘着放置花瓶的曲足瓶架，券门上侧绘折枝花和供奉品。"②

老者图

山东淄博市临淄宋金壁画墓西耳室顶下部绘一身着树叶蓑衣、扛小锄提小篮的老者。

（二）宗教类

妇人启门图的性质归属问题在学术界还存在争议，一方面以宿白为代表认为启门图具有现实生活意义。宿白认为："按此种装饰就其所处位置观察，疑其取意在于表示假门之后尚有庭院或房屋、厅堂，亦即表示墓室至此并未到尽头之意。"③ 其二以巫鸿、

图3-44　大木方桌（绘制）山东淄博市博山区金代壁画墓大木方桌 金代
（采自李鸿雁《山东淄博市博山区金代壁画墓》，《考古》2012年第10期）

---

① 李鸿雁：《山东淄博市博山区金代壁画墓》，《考古》2012年第10期。
② 许淑珍：《山东淄博市临淄宋金壁画墓》，《华夏考古》2003年第1期。
③ 宿白：《白沙宋墓》，文物出版社，2004年第2版。

李清泉、汪小洋为代表认为,"是墓主'在生前梦寐以求的来世仙居或'仙寝'"①。本书在此将其归为宗教类,认为其象征墓主人由此岸过渡到彼岸的"天门"。

重生信仰和道教:

妇人启门图

济南 M1 砖雕壁画墓中出现妇人启门图,"东扇板门半启,一妇人着对襟长袍内,低胸朱色衬衣,探出半身"②。

山东高唐金代虞寅墓墓室其中一间有一个砖砌的彩绘假门。此门修砌精细逼真,两扇门用长 36 厘米、宽 19 厘米、厚 6 厘米的薄砖制成,涂成橘红色,上有墨画铁钉,"一扇关闭、一扇半掩"。其绘画形制与宋金时期常见的妇人启门相似,墓门都为一扇关闭、一扇打开,仅缺少一向外张望的妇人。我们认为山东高唐金代虞寅墓半掩假门应具有与妇人启门相似的宗教意义,即象征墓主人由此岸过渡到彼岸。

山东淄博市博山区金代壁画墓室北壁绘的《妇人启门图》(图 3-45)上的假门门缝西侧"站立着一个向门外窥视的启门女子。女子脸部及右半身露门外,顶发分披,高发簪,长圆脸,面部丰满。身着长袖对襟直领褙子及长裙,右手扶门"③。

图 3-45 妇人启门图 山东淄博市博山区
金代壁画墓室 金代
(采自李鸿雁《山东淄博市博山区金代壁画墓》,
《考古》2012 年第 10 期)

---

① 李清泉:《空间逻辑与视觉意味——宋辽金墓"妇人启门"图新论》,巫鸿、郑岩主编:《古代墓葬美术研究》第 1 集,第 329—362 页,文物出版社,2011 年。
② 济南市博物馆、济南市考古所:《济南市宋金砖雕壁画墓》,《文物》2008 年第 8 期。
③ 李鸿雁:《山东淄博市博山区金代壁画墓》,《考古》2012 年第 10 期。

黄金珠宝图

济南金代 M1 砖雕壁画墓中出现一幅《黄金珠宝图》（图 3-46），这类题材在山东地区出现于墓室壁画中尚属首例。墓室内"第一空间（院落）中为砖雕方亭，其仿木构件以墨线勾边。柱身朱地，亭中绘黄金珠宝，并放射金光"①。

本书将其归纳为宗教题材原因有二：其一，黄金珠宝具有明确的社会属性，象征财富，而墓主人有意识地强调其属性，将其大张旗鼓地画在墓室墙壁显眼位置，其意图无非是希望在"彼岸世界"或"天国"依然生活富足，因此，画面中的黄金具有与现实世界黄金相同的社会属性就是彼岸世界消费的工具。这样黄金就被赋予了沟通此岸与彼岸的宗教功能。其二，黄金、珠宝绘制于方亭中，而方亭四周无墙，四面通透，这样储存黄金、珠宝的方式显然与现实世界不符，因此我们推测，画面中的方亭已失去了现实世界的社会意义，它的出现与汉代壁画中的门阙、妇人启门中的"门"具有相同宗教意义，象征通往天国或彼岸的"大门"。

（三）装饰类

花卉、祥瑞图

济南金代 M1 砖雕壁画墓，墓门门洞叠涩座，"倚柱两侧墙壁上绘'V'字形色块，由红、蓝、浅蓝三种色彩上下排列。两侧倚柱各涂黄色，上端箍头绘四出席花锦图案及三个覆莲花瓣，下端箍头绘三个仰莲花瓣"。槫柱、上额涂黄色，槫柱与倚柱之间绘"S"状的缠枝纹饰。门洞两侧的立颊各绘四组图案，每组

图 3-46 黄金珠宝图 济南金代 M1 砖雕壁画墓 金代
（采自徐光冀主编《中国出土壁画全集 4 山东》，科学出版社 2011 年）

---

① 济南市博物馆、济南市考古所：《济南市宋金砖雕壁画墓》，《文物》2008 年第 8 期。

图案上下各有一个小八瓣花朵，中间为一个五瓣花朵。

两门簪簪面、铺作正面用墨线勾出各构件轮廓，然后绘制图案及花卉。栌斗、齐心斗、散斗下部绘"三个仰莲花瓣"；柱头铺作的泥道拱、补间铺作的慢拱和各铺作第二层散斗上绘"四出席花锦图案"；柱头铺作的慢拱及补间铺作的泥道拱绘缠枝纹；各铺作昂上面及令拱、补间铺作的华拱上绘"卷云纹"；第一层散斗上绘花卉；要头下面绘四瓣双线花卉，柱头铺作的华拱上绘三环纹。棋眼壁及罗汉枋之间的凹面上绘花卉图案。

图 3-47 花卉 济南金代 M1 砖雕壁画墓 金代
（采自徐光冀主编《中国出土壁画全集 4 山东》，科学出版社 2011 年）

墓室倚柱柱身涂枣红色地子，其上绘"上下二组卷云纹图案"。普拍枋涂黄地，两端绘"如意头箍头"。铺作构件均涂浅蓝色地。华拱绘"三环纹，中间的交互斗绘如意头，两侧散斗绘仰莲"；拱眼壁上绘缠枝或折枝花卉。撩檐枋的色彩、图案与普拍枋相同。山花帐头砖雕墨线边框内留出白边，内涂朱彩，分别绘花卉、如意头、浪花等图案。

歇山屋顶侧立面上绘"朱彩搏风板及垂鱼"。脊吻呈兽头状，张口，内涂朱彩。

仿木楼阁与两侧倚柱之间，第一空间门两侧各绘一组竹石。门两侧绘"湖石花卉。石涂浅蓝色，一石后为翠竹、花卉，另一石后为芭蕉"。

墓室穹窿顶部分绘《花卉》（图 3-47），东侧绘"大幅莲花牡丹，西侧绘二折枝花。砖雕莲花藻井的花瓣，用墨线勾边框，内涂三层色彩，由里至外为红、白和浅蓝色"①。

济南市区 1 号金墓挑檐枋上每柱间绘出云头九朵。

---

① 济南市博物馆、济南市考古所：《济南市宋金砖雕壁画墓》，《文物》2008 年第 8 期。

山东高唐金代虞寅墓中,有高104厘米的砖砌屏风,上面画着盛开的牡丹①。

山东淄博市博山区金代壁画墓墓室穹窿顶彩绘装饰画,以穹窿顶的下缘为界,自下至上依次为一周黑、黄、红三色五线相间的纹带,宽约12厘米;其上为一周"深红色忍冬纹带",宽约15厘米,隔一周宽约5厘米的黄、黑二色条纹带,其上为一周橙黄色忍冬纹带,宽约25厘米;其上又有一周宽约5厘米的黑、白、黄、红四色相间的条纹带;再上为一周间隔排列的单组深红色的《牡丹图》(图3-48),图形大者宽约25厘米、高约15厘米;最上为一周云雷纹带。云雷纹带上即穹窿顶,绘制垂莲纹。

图3-48 牡丹图 山东淄博市博山区
金代壁画墓 金代
(采自李鸿雁《山东淄博市博山区金代壁画墓》,
《考古》2012年第10期)

墓室南壁中间为券门。券顶的外缘以红、黄、黑三色绘"连弧纹",连弧纹外缘以黄线绘半圆形弧线。

券门西侧以没骨画法绘制"一枝绿叶红牡丹"。

墓室北壁墓壁中间为一砖砌加彩绘的方形假门。假门外砌门柱和上额,上额上有两个方形门簪,门簪正面有高浮雕"四出花叶纹"。

山东淄博市临淄宋金壁画墓前室壁画顶部绘出"十字状阳马结构和卷云纹,顶下部绘垂帐纹、折枝花及供奉物品"。

东耳室顶部绘"莲花,花心填红、黄彩,莲花以外为放射状纹,填彩。西耳室顶部中间绘出一十字状阳马结构和卷云纹"。

---

① 陈昆麟:《山东高唐金代虞寅墓发掘简报》,《文物》1982年第1期。

实物装饰图

第四组画面帐内两侧画隔扇，隔扇内似绘一空间，内设一大椅，椅后有山石屏风，椅前置一方桌，桌面前部摆一列托盘，后部亦摆有器物及供品。

后室顶部绘"莲花，下部绘珠络一匝，珠络下端缀有银锭珠宝等供物"①。

第四节　元代墓室壁画

一、遗存梳理

元朝是我国历史上第一个由少数民族建立的统一多民族国家，它"是中国历史上领土面积最大的朝代，其世界性、多元性在中国历史上是罕见的，同时元朝也是多民族融合、相互交流影响的朝代"。② 对应到墓室壁画方面，这一时期虽然受元朝统治者"不封不葬"观念影响，墓室壁画出现世俗化倾向，但墓室壁画的世俗性并未完全取代"重生信仰"，而是在图像构成上形成"双轨仪制"，即神秘性与世俗性共存的发展模式，其神秘性的象征依然隐藏在墓室壁画的传统图像程序之中。③

截止到 2015 年，山东地区共发现元代壁画墓 23 座，分别为济南市历城区 1 号墓、济南市历城区 2 号墓、山东章丘县 3 号墓、山东章丘县 4 号墓、济南市司里街元代砖雕壁画墓、山东丘龙山镇元代壁画墓、山东章丘青野元代壁画墓、长清县王宿铺村石刻壁画墓、平阴县南李山头村元代石刻壁画墓、山东临淄大武村元墓等。

---

① 李鸿雁：《山东淄博市博山区金代壁画墓》，《考古》2012 年第 10 期。
② 汪小洋主编：《中国墓室绘画研究》，上海大学出版社，2010 年第 1 版，第 248 页。
③ 穆宝凤：《元代山西屯留县 M1 号壁画墓中的图像构成探究》，《民族艺术》2013 年第 3 期。

二、形制类型

（一）墓室形制类型

山东地区元代壁画墓主要有以下六种形式：其一为砖筑仿木结构单室砖墓；其二为土坑竖穴墓；其三为穹窿顶圆形砖墓；其四为土坑式圆形单室石结构墓葬；其五为竖穴石结构多室墓；其六为仿木结构圆形单室砖墓。

其中，砖筑仿木结构单室砖墓共发现5座，包括：济南市历城区1号墓，为"单室砖筑仿木结构，用长28厘米、宽14厘米、厚6厘米的灰色条砖砌筑，由墓道、门楼、甬道和墓室几部分组成"。济南市历城区2号墓，为"单室砖筑仿木结构，用长29厘米、宽15厘米、厚5厘米的灰色条砖砌筑，由墓道、门楼、甬道和墓室组成"。山东章丘县3号墓，为"单室砖筑仿木结构，用长27厘米、宽13厘米、厚5厘米的条砖砌筑，由墓道、门楼、甬道、墓室组成"。山东章丘县4号墓，为单室砖砌仿木结构，用长27厘米、宽14厘米、厚5厘米的灰色条形砖砌筑，由墓道、门楼、甬道、墓室组成。①山东章丘青野元代壁画墓，墓坐北朝南，为砖券仿木结构壁画墓，由墓道、甬道、墓室组成②。

土坑竖穴墓共发现1座，为济南市司里街元代砖雕壁画墓，墓葬坐北朝南，为土坑竖穴墓，平面呈前方后圆形③。

穹窿顶圆形砖墓共发现1座，为山东丘龙山镇元代壁画墓，墓葬平面呈圆形，穹窿顶，底径为2.4米，残高3.1米④。

土坑式圆形单室石结构墓葬共发现1座，为长清县王宿铺村石刻壁画墓。该墓坐北

---

① 济南市文化局、章丘县博物馆：《济南近年发现的元代砖雕壁画墓》，《文物》1992年第2期。
② 章丘市博物馆：《山东章丘青野元代壁画墓清理简报》，《华夏考古》1999年第4期。
③ 济南市考古研究所：《济南市司里街元代砖雕壁画墓》，《文物》2004年第3期。
④ 李芳、孙涛、段丽山：《山东章丘龙山镇发现一座元代壁画墓》，《中国文物报》2005年12月2日。

朝南，墓葬形制为土坑式圆形单室石结构墓葬，由墓道、墓门及墓室三部分组成①。

仿木结构圆形单室砖墓共发现 1 座，为山东临淄大武村元墓，"该墓为仿木结构圆形单室砖墓"②。

值得注意的是，山东地区共发现 1 座竖穴石结构多室墓葬，为平阴县南李山头村元代石刻壁画墓，墓葬形制为竖穴式石结构多室墓，墓道南北 1.58 米、东西 2.4 米，没有台阶。北半部东西两侧为两块石垒砌挡土墙，长 0.97 米、高 2.12 米、厚 0.3 米。墓室为全石结构，所用石料皆为石灰岩③。

（二）壁画形制类型

根据考古报告可知，这一时期的绘画形制主要分为以下三类：

其一为线刻画。如山东临淄大武村元墓。该墓采用砖雕与壁画相结合的装饰方式，砖雕以单砖拼砌为主，雕刻为辅。此外，济南市历城区 1 号墓、济南市历城区 2 号墓、山东章丘县 3 号墓、山东章丘县 4 号墓、山东章丘青野元代壁画墓、长清县王宿铺村石刻壁画墓、平阴县南李山头村元代石刻壁画墓等都有线刻画出土。

其二为彩绘墓室壁画。如山东章丘青野元代壁画墓。墓内四壁及券顶均以白色涂地后用红、黑、蓝三色绘成各种图案。北壁为仿木结构大门，表面装饰大量花卉、吉祥纹样。东壁为墓主人居室图，砖砌一桌二椅，男女主人分坐两旁，后立两名侍者。此外，济南市历城区 1 号墓、济南市历城区 2 号墓、山东章丘县 3 号墓、山东章丘县 4 号墓、济南市司里街元代砖雕壁画墓、山东丘龙山镇元代壁画墓、长清县王宿铺村石刻壁画墓、平阴县南李山头村元代石刻壁画墓、山东临淄大武村元墓等都有墓室壁画出现。

其三为画像石。此时期，山东地区画像石墓仅发现平阴县南李山头村元代石刻壁画

---

① 刘善沂：《山东长清、平阴元代石刻壁画墓》，《文物》2008 年第 2 期。
② 山东省文物考古研究所、北京大学中国考古学研究中心：《山东临淄大村元墓发掘简报》，《文物》2005 年 11 期。
③ 刘善沂：《山东长清、平阴元代石刻壁画墓》，《文物》2008 年第 2 期。

墓1座，墓室周壁画二十四孝图，也为元代山东地区首见。

三、题材类型

墓主人夫妇对坐图是山东地区元代壁画墓频繁出现的一个主题，这一时期壁画墓多忠实地描绘墓主人夫妇现实生活场景，墓门处常出现仿木结构门楼，斗拱、柱檐间装饰大量祥瑞、花卉纹样。山东地区壁画墓中，墓室壁画多数为仿木结构装饰性绘画，与前代相比，墓室壁画的叙事功能大大削弱，但不管怎样改变，"墓室壁画中所体现的视死如生的传统墓葬思想没有改变，依然将死者的地下居所布置得如同其生前的居所，只是更加夸张与华丽"①，体现该时期山东墓葬独特的地域特色。

（一）现实生活类

墓主人现实生活场景是元代壁画的主要题材，也是山东地区壁画墓频繁出现的一个主题。

墓主夫妇图

墓主人图像是宋金元时期，中原地区仿木结构墓葬中常见的装饰图像，一般出现在墓室最突出的位置，主要由桌、椅、端坐人物、侍从及其他装饰物构成图像的主要内容。近年来，在山东地区发现多幅以墓主人为主要题材的墓室壁画，主要包括：

济南市历城区1号墓，墓室壁画"第3幅画男墓主人头戴圆形宽檐帽，身穿右衽长衣；女主人头梳发髻，身着对襟衫"。山东章丘县4号墓东壁绘墓主夫妇对坐，中间绘"一案，南侧绘墓主人，头戴毡帽，身着右衽长袍，北侧是女主人，头梳发髻，身着对襟，袖手而立"②。山东章丘青野元代壁画墓东壁男、女主人分坐桌子两旁，身边各站一男、女侍者。

---

① 汪小洋主编：《中国墓室绘画研究》，上海大学出版社，2010年，第286页。
② 济南市文化局、章丘县博物馆：《济南近年发现的元代砖雕壁画墓》，《文物》1992年第2期。

另外，在山东省济南市历城区大正小区埠东村元石雕墓内发现多幅墓主人题材壁画。《夫妇对坐图》（图3-49至图3-51）位于墓室北壁，画面正中竖屏风，上方装饰帷幕，墓主夫妇相对坐于方桌两侧，"脚踏足承，男主人头戴笠帽"，身着交领长袍，身后站立持骨朵男侍。女主人头梳髻，上身着对襟半臂，下身着裙，身后站一捧物侍女。画面中央方桌上放一盖罐，食盘二碟和一丛花瓶，一丛盆花，桌上放白地黑花双耳瓶。①

图3-49　夫妇对坐图　山东省济南市历城区
大正小区埠东村元石雕墓　元代
（采自徐光冀主编《中国出土壁画全集4 山东》，科学出版社2011年）

---

① 徐光冀主编：《中国出土壁画全集4 山东》，科学出版社，2011年，第168页。

第三章 繁荣期的墓室壁画

图 3-50 夫妇对坐图（局部） 山东省济南市历城区大正小区埠东村元石雕墓 元代
（采自徐光冀主编《中国出土壁画全集 4 山东》，科学出版社 2011 年）

图 3-51 夫妇对坐图（局部） 山东省济南市历城区大正小区埠东村元石雕墓 元代
（采自徐光冀主编《中国出土壁画全集 4 山东》，科学出版社 2011 年）

山东省济南市历城区港沟镇邢村元墓也出土有多幅墓主夫妇画像，其中墓室东壁绘《夫妇对坐图》（图 3-52），男女墓主人端坐于桌两侧高背椅上，主人身后立有侍女。男主人头戴毡帽，身着红色长袍；女主人形象与山东省济南市历城区大正小区埠东村元石雕墓女主人形象趋同，上身着对襟半臂，下身着裙，只是裙摆颜色不同。中间桌上居中放置酒瓮，左右为玉壶春瓶。此外，山东省济南市华龙路元墓也发现类似壁画，见图 3-53 的《夫妇对坐图》。

中国丝绸之路上的墓室壁画

图 3-52　夫妇对坐图　山东省济南市历城区港沟镇邢村元墓　元代
（采自徐光冀主编《中国出土壁画全集 4 山东》，科学出版社 2011 年）

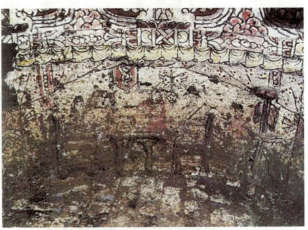

图 3-53　夫妇对坐图　山东省章丘市龙山镇元墓　元代
（采自徐光冀主编《中国出土壁画全集 4 山东》，科学出版社 2011 年）

粮仓图

济南市历城区 1 号墓，墓室壁画第 5 幅绘有一《粮仓图》（图 3-54）。山东省章丘市双山镇三涧村元墓①墓室南壁也绘有一幅粮仓图。壁画位于墓室南壁，图中绘两圆形尖顶的库房，顶用草铺盖，两座粮仓各有一紧闭的库门。另外，与此墓相距不远的山东省章丘市龙山镇也发现有以粮仓为主题的墓室壁画《粮仓图》（图 3-55）。该壁画损坏严重，图像多已模糊不清，从残存图像看，画面中央黑彩勾勒一圆形粮仓，画面下部被泥土覆盖②。

---

① 徐光冀主编：《中国出土壁画全集 4 山东》，科学出版社，2011 年，第 129 页。
② 徐光冀主编：《中国出土壁画全集 4 山东》，科学出版社，2011 年，第 211 页。

图 3-54 粮仓图 山东省章丘市双山镇三涧村元墓 元代
（采自徐光冀主编《中国出土壁画全集 4 山东》，科学出版社 2011 年）

图 3-55 粮仓图 山东省章丘市龙山镇元墓 元代
（采自徐光冀主编《中国出土壁画全集 4 山东》，科学出版社 2011 年）

动物图

山东省济南历城区郭店镇地质局第一地质大队元墓，其墓室南门洞西侧墓壁上彩绘一昂首站立的公鸡，见《公鸡》（图 3-56），身后绘牡丹花装饰。

另外同属于历城区的济南市历城区 1 号墓也发现两幅动物图像，其墓室壁画第 6 幅方柜上绘一只猫，第 7 幅绘一站立公鸡。

山东章丘龙山镇元代壁画墓西壁绘有"狸猫图"，"柜子左侧有一只肥猫正跃上桌子。猫竖耳耸身，长尾上翘，两爪一只抓上小柜，一只按在桌上，动作和形态都刻画得

惟妙惟肖"①。

长清县王宿铺村石刻壁画墓，瓦垄上立2石，石上各"浮雕一虎"。

平阴县南李山头村元代石刻壁画墓主室压于墙壁四隅的石块（角梁）立面中心各浮雕一"虎头，其下颌有一穿孔"②，用途不详。

宴饮图

元代墓葬绘画中宴饮图的数量很大，宴饮这项活动不仅作为描写墓主人日常活动的重要组成部分，而且这项活动背后包含着非常丰富的礼仪内容，在墓葬绘画这个特殊的载体上，宴饮图可以作为一个重要的宗教活动看待③。迄今为止，元代宴饮共发现4处：

济南市历城区1号墓墓室壁画第3幅中间绘"一桌案，上放食品，桌两侧绘墓主人夫妇端坐座椅上"。

济南市历城区2号墓墓室东壁为夫妇对坐图，画面绘"一桌二椅，桌上置红盆三个，内盛食物，两侧绘墓主人夫妇袖手端坐于椅上。男主人戴圆形宽檐帽，穿圆领黄袍。女主人梳髻，着对襟红衫，内系赭裙"④。

山东省章丘市龙山镇元代壁画墓帷帐下砖砌一张直足直枨的方桌和两把靠背椅。桌上放置一盘食物，似为馒头状面食。"左侧椅上坐一头戴黑色方帽的青

图3-56 公鸡 山东省济南市历城区郭店镇省地局第一地质大队院内元墓 元代（采自徐光冀主编《中国出土壁画全集4山东》，科学出版社2011年）

---

① 李芳、孙涛、段丽山：《山东章丘龙山镇发现一座元代壁画墓》，《中国文物报》2005年12月2日。
② 刘善沂：《山东长清、平阴元代石刻壁画墓》，《文物》2008年第2期。
③ 汪小洋：《汉代墓葬绘画"宴饮图"考释》，《艺术百家》2008年第4期。
④ 济南市文化局、章丘县博物馆：《济南近年发现的元代砖雕壁画墓》，《文物》1992年第2期。

年，紧挨青年的为一老妇人，头梳高髻，身穿粉红色右衽襦裙，插步摇，目光祥和，面向青年似有所语"。桌子右侧是一中年男子，"短须，头戴一圆顶帽，帽顶饰玉珠，身穿左衽白色窄袖袍，双手抱在胸前，手中怀抱一长柄状物"①。

山东省济南市千佛北麓齐鲁宾馆元墓墓道东壁画面绘《伎乐图》（图3-57），画面中六女子组成的伎乐队，六人身穿长裙，分别手持不同乐器，最南端女子双手弹箜篌，北邻一女子抱马头弯柄琵琶，右手握弓演奏，另一女子手持拍板，最北端女子双手环抱琵琶，作演奏状。

建筑图

仿木结构是流行于晚唐至元代的一种墓葬形制，仿木结构中的一些建筑构件，尤其是遍妆彩绘的柱梁、斗拱、藻井、破棂子窗等，在现存建筑中很少保留，因此这种形制的墓葬有助于复原及了解当时地面建筑。另一方面，仿木结构建筑又作为家族延续性的真正纪念堂而蕴含丰富的宗教含义②。山东地区元代仿木结构墓葬数量很大——济南市历城区1号墓，墓门两侧均雕成格扇门，上段格心雕成球纹格眼，墨线勾勒；济南市司里街元代砖雕壁画墓明间绘方门，二板门，上涂红彩绘门钉和一锁，二次间各绘一球纹格眼窗户。六柱之间墙壁画面上为帷帐纹，中心部位绘有大瓮，似粮仓。另外，山东省济南市历下区司里街元墓绘有一幅《楼阁式歇山顶仿木结构建筑图》（图3-58）。

山东省济南市历城郭店镇地质局第一地质大队院内元墓，墓室转角处柱头斗拱为

图3-57 伎乐图 山东省济南市千佛北麓齐鲁宾馆元墓 元代（采自徐光冀主编《中国出土壁画全集4 山东》，科学出版社2011年）

---

① 李芳、孙涛、段丽山：《山东章丘龙山镇发现一座元代壁画墓》，《中国文物报》2005年12月2日。
② 裴志昂：《试论晚唐至元代仿木构墓葬的宗教意义》，《考古与文物》2009年第4期。

图 3-58 楼阁式歇山顶仿木结构建筑图 山东省济南市历下区司里街元墓 元代（采自贺西林、李清泉《中国墓室壁画史》，高等教育出版社 2009 年）

图 3-59 四辅作重栱斗栱 山东省济南市历城区郭店镇省地局第一地质大队院内元墓 元代（采自贺西林、李清泉《中国墓室壁画史》，高等教育出版社 2009 年）

《四辅作重栱斗栱》（图 3-59），上墨线勾绘卷云图案，地填红彩①。

　　山东省淄博市临淄区大武村元墓出土了完整《歇山顶式仿木结构建筑》（图 3-60、图 3-61），其主体为砖雕，配以色彩鲜艳的建筑彩绘，在两根立柱间置一长案，案上放置一个盒状物，用黑彩在盒正面画网格，似表现放置衣物的箧笥。上部是阑额和普拍枋。阑额之下似有帷帐，两侧还画出龟背形的花结。普拍枋上绘三饰花斗栱，均为把头

---

① 徐光冀主编：《中国出土壁画全集 4 山东》，科学出版社，2011 年，第 140 页。

绞项造式，栌头和散斗的斗㪇部均画出莲瓣，斗栱之上为两层砌出的砖带，其上画出圆形椽头和瓦。上面的一层为博脊，并画出一对方形和一对圆形的博脊端头，再上为三角形的屋顶山面。博风板上用黑彩画出帽钉，上接人字形瓦坡、排山沟滴和垂脊，垂脊的端头用彩画示意性地表现戗脊。在山花板的正中为近似葫芦形的悬鱼。

图 3-60　歇山顶式仿木结构建筑图　山东省淄博市临淄区大武村元墓　元代
（采自徐光冀主编《中国出土壁画全集 4 山东》，科学出版社 2011 年）

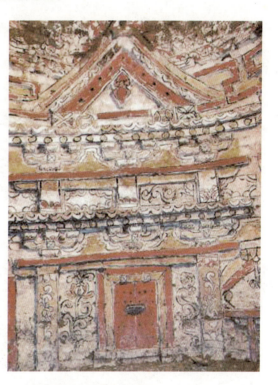

图 3-61　歇山顶式仿木结构图（门楼假门）山东省淄博市临淄区大武村元墓　元代
（采自徐光冀主编《中国出土壁画全集 4 山东》科学出版社 2011 年）

此外，山东省章丘市西沟头中基集团工地元墓、山东省章丘市相公庄镇小康村元墓出土的《仿木结构砖雕门楼图》（图3-62至图3-65）与山东省淄博市临淄区大武村元墓仿木结构砖雕门楼结构类似，其最上部为歇山式顶，向下依次为圆形椽头、撩檐枋、斗拱、普拍枋，再下接阑额、四根立柱，建筑结构多为两层。

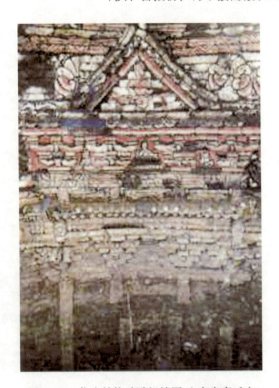

图3-62　仿木结构砖雕门楼图　山东省章丘市西沟头中基集团工地元墓　元代
（采自徐光冀主编《中国出土壁画全集4山东》，科学出版社2011年）

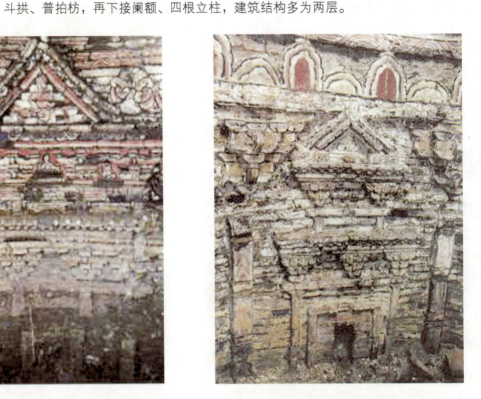

图3-63　仿木结构砖雕门楼图（双层）山东省章丘市相公庄镇小康村元墓　元代
（采自徐光冀主编《中国出土壁画全集4山东》，科学出版社2011年）

第三章 繁荣期的墓室壁画

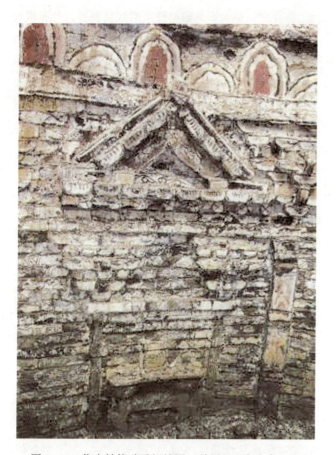

图 3-64 仿木结构砖雕门楼图（单层）山东省章丘市相公庄镇小康村元墓 元代
（采自徐光冀主编《中国出土壁画全集 4 山东》，科学出版社 2011 年）

图 3-65 仿木结构砖雕门楼图（多层）山东省章丘市相公庄镇小康村元墓 元代
（采自徐光冀主编《中国出土壁画全集 4 山东》，科学出版社 2011 年）

东部卷·山东分卷

家具图

元代墓葬壁画中，家具题材壁画的数量最多，分布地域最广，壁画面积最大。家具类型主要为灯檠和桌椅衣架，以及其他家具类。例如：济南市历城区1号墓墓室壁画第2幅右侧红彩绘灯檠；济南市历城区2号墓墓室南壁墓门东侧"有一灯檠砖雕，东壁雕砌一桌二椅，西壁雕砌一案一柜，柜上放置两盒，北壁雕砌一单檐歇山式建筑"①；济南市司里街元代砖雕壁画墓墓壁墓门东侧至第一立柱之间用墨线绘帷帐，第一、二柱之间的灯檠用墨线勾勒；山东临淄大武村元墓《家具图》（图3-66）主体是"一个砖雕的灯檠，下部有底座，上部有两个砖砌的凸出的平面，用来放置灯盏。灯檠右侧中部画出一件托盏和一个罐子。从罐子口部伸出一个弯曲的条带状物，尾部分叉，施红彩"②。

山东省章丘市双山镇三涧村元墓，其墓室东壁彩绘《灯檠图》（图3-67至图3-69），下部有三叉支架，中部有如意云板，属元代灯檠典型样式。此外，山东省章丘市龙山镇、山东省章丘市相公庄镇小康村元墓均发现类似灯檠图像。

桌椅、衣架等日常用品也是元代墓室壁画的常见题材。

济南市司里街元代砖雕壁画墓明间刻砖雕桌椅。第四、五柱之间北壁为"二层仿木砖雕楼阁，上立四柱，柱上下两端分别绘仰莲、覆莲箍头图案，中间两根柱身绘黄色木纹"；第七、八柱之间为衣架，

图3-66　家具图
山东省淄博市临淄区大武村元墓　元代
（采自山东省文物考古研究所、北京大学中国考古学研究中心《山东临淄大武元墓发掘简报》，《文物》2005年第11期）

---

① 济南市文化局、章丘县博物馆：《济南近年发现的元代砖雕壁画墓》，《文物》1992年第2期。
② 山东省文物考古研究所、北京大学中国考古学研究中心：《山东临淄大武村元墓发掘简报》，《文物》2005年第11期。

图 3-67 灯檠图 山东省章丘市双山镇三涧村元墓 元代

（采自徐光冀主编《中国出土壁画全集 4 山东》，科学出版社 2011 年）

图 3-68 灯檠图 山东省章丘市龙山镇元墓 元代

（采自徐光冀主编《中国出土壁画全集 4 山东》，科学出版社 2011 年）

墙壁上端绘"帷帐纹，衣架上绘衣物。第八柱与墓门之间墙壁上端绘帷帐纹"。

山东省章丘市龙山镇元代壁画墓西壁绘《家具图》（图 3-70），画图中，"上悬淡黄横帐，下为红色垂帐，一直足直枨条桌上搭着一块红白间布。左侧一张红色小矮桌上绘有两个柜子，柜直足直枨，正面设锁，上面的小柜斜放在下面的大柜上，两个柜体均用黑彩网纹装饰"。

山东省章丘市双山镇三涧村元墓出土墨线勾勒彩绘《衣架图》（图 3-71），其墓室

图 3-69　灯檠图　山东省章丘市
相公庄镇小康村元墓　元代
（采自徐光冀主编《中国出土壁画
全集 4 山东》，科学出版社 2011 年）

图 3-70　家具图　山东省章丘市
龙山镇元墓　元代
（采自徐光冀主编《中国出土壁画
全集 4 山东》，科学出版社 2011 年）

图 3-71　衣架图　山东省章丘市
双山镇三涧村元墓　元代
（采自徐光冀主编《中国出土壁画
全集 4 山东》，科学出版社 2011 年）

西壁西柱间绘红色帷幕，下方绘衣架，两端翘起，衣架上方墨书"至元"二字。墓室西壁墙上砖雕一《方形柜》（图3-72），柜上绘一长方形盖盒。

男侍、女侍图

济南市历城区1号墓，墓室壁画第二幅中间绘"一站立的侍女。左侧绘一方柜，上卧一只猫，右侧为一大瓮"。

山东省章丘市龙山镇元代壁画墓墓室正南为墓门，"墓门右侧为一宫女，头梳高髻，身穿交领红色窄袖长襦，手执火烛。东壁绘桌后右侧站一身穿大红衣服的宫女，头梳两垂髻，左右手各抱一瓶状物，似在为客人斟酒"[①]。

平阴县南李山头村元代石刻壁画墓，北壁门两侧为"席纹墙，墙的外侧各有直棂窗，窗前各立一侍者。右侧为男仆，脑后梳双辫，着右衽长衫及靴，双手持瓶；左侧为女性，头梳双髻，着对襟衫及长裙，双手持盘，盘内放置一瓶"。

左幅画像为一正面女子，形象装束与东壁门南侧的侍女相同，"抄手，小臂上搭一三角形巾帻。亦应为一侍女"。

西壁画像石三幅。右幅画面为半幅，"内为一男子，身着长袖右衽束腰长袍，左手持棍站立。左幅画面中为一男子，形象装束与中室东壁门南侧男子相同，亦应为一男仆"。

门南侧画面中为"一正面站立的女子，头梳双髻，着长袖长袍，袖手，似为侍女"。

东壁门南侧画像一幅，与中室西壁门北侧左幅画像略同，为侍女像。门北侧画像两

图3-72 方形柜 山东省章丘市双山镇三涧村元墓 元代
（采自徐光冀主编《中国出土壁画全集4 山东》，科学出版社2011年）

---

① 李芳、孙涛、段丽山：《山东章丘龙山镇发现一座元代壁画墓》《中国文物报》2005年12月2日。

幅。右幅画面为两男子,"均着束腰长袍。右者高大,怀抱一物,似曲颈琵琶,左者跟随其后。按画像位置看,这两人可能为侍者"①。

山东省济南市文化东路济南柴油机厂元墓壁画中有《灯檠侍者图》(图3-73)、《侍从图》(图3-74),分别绘于墓室东壁及墓室西壁上。东壁中心绘一红彩灯檠,灯檠两侧分立两位侍者,画面左侧侍者怀抱酒台,右面侍者怀抱玉壶春瓶,表现敬酒主题。

山东省济南市千佛北麓齐鲁宾馆元墓,其墓前室东北角画《奉酒图》(图3-75)、《奉茶图》(图3-76),左侧一人头戴宽沿笠帽,身穿交领长袍,双手持玉壶春瓶站立;右侧一人头戴红色圆帽,着交领窄袖长袍,手捧台盏。整幅画面表现奉酒场景。

图3-73 灯檠侍者图 山东省济南市
文化东路济南柴油机厂元墓 元代
(采自济南市文化局文物处《济南柴油机厂元代砖雕壁画墓》,《文物》1992年第2期)

图3-74 侍从图 山东省济南市
文化东路济南柴油机厂元墓 元代
(采自济南市文化局文物处《济南柴油机厂元代砖雕壁画墓》,《文物》1992年第2期)

---

① 刘善沂:《山东长清、平阴元代石刻壁画墓》,《文物》2008年第2期。

图 3-75 奉酒图 山东省济南市
千佛北麓齐鲁宾馆元墓 元代
(采自房道国、史云《济南市千佛山元代壁画墓清理简报》,《华夏考古》2015 年第 4 期)

图 3-76 奉茶图 山东省济南市
千佛北麓齐鲁宾馆元墓 元代
(采自房道国、史云《济南市千佛山元代壁画墓清理简报》,《华夏考古》2015 年第 4 期)

门吏图

山东地区元代壁画墓中门吏图数量很少,仅存于济南市千佛北麓齐鲁宾馆元墓壁画中,一共两幅,分别绘于甬道东西两壁,见《门吏图》(图 3-77、图 3-78)。其中东壁绘一着头盔、身穿铠甲的武士,上臂隐于衣中,双手持剑,下着裤,足穿长筒皮靴。右壁门吏图穿着与左壁类似,唯有手拿物品与左壁不同,其头着盔,身穿铠甲,下着裤,双手持斧,护于胸前,表情严肃。

图 3-77　门吏图 1（局部）山东省济南市千佛北麓齐鲁宾馆元墓　元代
（采自房道国、史云《济南市千佛山元代壁画墓清理简报》，《华夏考古》2015 年第 4 期）

图 3-78　门吏图 2　山东省济南市千佛北麓齐鲁宾馆元墓　元代
（采自房道国、史云《济南市千佛山元代壁画墓清理简报》，《华夏考古》2015 年第 4 期）

（二）历史类

"二十四孝"和教育子女为墓室壁画的常见题材，在山东地区，该类主题在墓室壁画中集中出现在平阴县南李山头村元代石刻壁画墓中。

孟母断机图

平阴县南李山头村元代石刻壁画墓北壁画像2幅,刻在一石板上。右幅画面左侧一妇人坐在山坡上,右手持一物,身前跪一儿童,画面讲述的应为孟母断机的故事,见《孟母断机图》(图3-79)。画面形象与主室东壁南侧右幅画像基本相同。另外,山东省济南市文化东路济南柴油机厂元墓也发现《孟母断机图》。

曾参心痛感啮指图

平阴县南李山头村元代石刻壁画墓南侧画像2幅,刻在一石板上。右幅画面中为一正面男子,双耳吊耳环,着束腰长袖长衫,抄手,小臂搭一长巾,亦应为一男仆。左幅画面中是一头扎总角的男子,身穿束腰长袍,左手托腮,身后放一柴担。南壁也出现同样主题图像。画面右方为山坡,坐一老者,身穿长袖对襟长袍,双手抄袖,怀抱一杖。对面一男子,着长袖束腰长袍,抄手躬身面对老者,其后放一担柴薪。

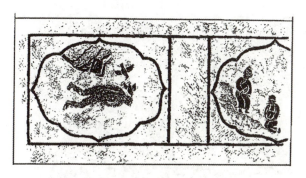

图3-79 孟母断机图
平阴元代石刻壁画墓 元代
(采自刘善沂《山东长清、平阴元代石刻壁画墓》,《文物》2008年第2期)

图3-80 孟母断机图 山东省济南市文化东路济南柴油机厂元墓出土 元代
(采自徐光冀主编《中国出土壁画全集4山东》,科学出版社2011年)

孟宗哭竹图

平阴县南李山头村元代石刻壁画墓东侧画像石上刻有二十四孝中的《孟宗哭竹》故事。左幅画面左侧为一竿竹子,地上冒出数只竹笋,其右侧跪一人,掩面哭泣。

山东省济南市文化东路济南柴油机厂元墓,其墓室穹顶北壁绘《孟宗哭竹生笋图》(图3-81)故事。画面中孟宗右手扶竹,左手掩面哭泣,身边放一篮,左侧一童子,双臂张开俯身下望,脚下竹笋丛生。

杨香打虎救父图

平阴县南李山头村元代石刻壁画墓东侧画像石左幅,北侧石板上刻2幅画像,应为《杨香打虎救父图》。右幅画面中一虎自山上向下奔跑,一女子左手揪住虎头,坐在虎背上作打击状。

类似画面《杨香打虎救父图》(图3-82)也出现在山东省济南市文化东路柴油机厂元墓,该墓穹窿顶东北壁绘一女子正按着老虎颈部,扭头往后看,一老者表情慌张向左奔跑逃命,边跑边回首张望。表现杨香打虎救父场景。

图3-81　孟宗哭竹生笋图　山东省济南市文化东路济南柴油机厂元墓　元代
(采自徐光冀主编《中国出土壁画全集4山东》,科学出版社2011年)

图3-82　杨香打虎救父图　山东省济南市文化东路济南柴油机厂元墓　元代
(采自徐光冀主编《中国出土壁画全集4山东》,科学出版社2011年)

蔡顺桑葚感强寇图

平阴县南李山头村元代石刻壁画墓西壁画像右幅画面，左侧为山坡，一老者坐其旁，左腿下垂，右腿盘起，双手放于膝上。其左立一杆，上似绑扎他物。右侧一男子抄手躬身面对老者，二者之间地面放置两只篮子。

山东省济南市文化东路济南柴油机厂元墓也发现主题图像，但画面构图与平阴县南李山头村元代石刻壁画墓出土《蔡顺拾葚奉母图》（图3-83）不同。墓室穹窿顶西北壁画面中绘两男子，一男子身穿长衫跪在地上，面前放一竹篮，左上方一仙人乘云而来。另外，山东省济南市历城区大正小区埠东村元石雕墓发现墨线勾勒《蔡顺拾葚奉母图》（图3-84）。

郯子鹿乳奉亲图

平阴县南李山头村元代石刻壁画墓西壁中幅画面左侧为一母鹿，右侧一人身披鹿皮，靠向母鹿以求乳汁。

郭巨埋儿图

平阴县南李山头村元代石刻壁画墓左幅画面右侧一妇人怀抱婴儿，左侧一男子，持锹掘土。

图3-83 蔡顺拾葚奉母图 山东省济南市文化东路济南柴油机厂元墓 元代
（采自济南市文化局文物处《济南市柴油机厂元代砖雕壁画墓》，《文物》1992年第2期）

图3-84 蔡顺拾葚奉母图 山东省济南市历城区大正小区埠东村元石雕墓 元代
（采自徐光冀主编《中国出土壁画全集4 山东》，科学出版社2011年）

山东省济南市文化东路济南柴油机厂元墓出土《郭巨埋儿奉母图》（图3-85）。画面绘一庭院，屋内坐一老妇，院内有三株树，一妇人持杖立于院中右侧，前置香几，上有熏炉，左侧一男子持锹挖土。画面以水墨为主，浅绛为次，笔墨松秀清淡。即使如此复杂的构图，笔墨、设色依然饱含乡野的淳朴气息①。此外，山东省济南市历城区大正小区埠东村元石雕墓也发现《郭巨埋儿奉母图》（图3-86）。

王祥卧冰求鲤图

平阴县南李山头村元代石刻壁画墓东部画像2幅。右幅画面上部右方伸出树枝，树枝上挂着衣物。一男子裸身侧卧在河面冰上，左手扶头。画面下部冰面上露出三条鲤鱼，一条在冰面上，另两条只露头。

2004年山东省章丘市双山镇三涧村元墓，其墓室西壁墨线勾勒一座小山，小山旁边绘两棵树，两树之间有一人赤裸上身躺卧冰面，衣服挂在树枝上，画面内容表现的二十四孝中的《王祥卧冰求鲤》

图3-85　郭巨埋儿奉母图　山东省济南市文化东路济南柴油机厂元墓　元代
（采自济南市文化局文物处《济南市柴油机厂元代砖雕壁画墓》，《文物》1992年第2期）

图3-86　郭巨埋儿奉母图　山东省济南市历城区大正小区埠东村元石雕墓　元代
（采自徐光冀主编《中国出土壁画全集4山东》，科学出版社2011年）

---

① 邢港霞：《浅谈元代绘画的艺术特点与精神品格》，《美术之友》2009年第4期。

（图 3-87）故事。

此外，在山东省济南市文化东路济南柴油机厂元墓北壁、山东省济南市历城区港沟镇邢村元墓穹窿顶分别绘《王祥卧冰求鲤图》（图 3-88、图 3-89）。

曹娥寻父图

平阴县南李山头村元代石刻壁画墓西部壁画 2 幅。均为女子形象，头梳双髻，着对襟衫及长裙，头上部均有浮云一朵。右幅画面中一女坐在河边上，右手持勺，左手掩面而泣。

原谷谏父图

平阴县南李山头村元代石刻壁画墓北壁，右幅画面左侧为一男子，着圆领长袖束腰长衫，作离去状。右侧为一儿童，头扎总角，亦穿长袖长衫，右手挟一舆。

刘明达孝行故事图

山东省济南市文化东路济南柴油机厂元墓，其墓室穹窿顶东北壁绘一妇女身穿长裙目送骑马男子，坐于马上的男子身穿红袍，头戴展脚幞头，手抱一幼童，回头顾望，马前站立一手持长矛的年轻人。画面表现《刘明达孝行故事图》（图3-90）。

鲁义姑舍子救侄图

山东省济南市文化东路济南柴油机厂元墓

图 3-87 王祥卧冰求鲤图 山东省章丘市双山镇三涧村元墓 元代
（采自徐光冀主编《中国出土壁画全集 4 山东》，科学出版社 2011 年）

图 3-88 王祥卧冰求鲤图 山东省济南市文化东路济南柴油机厂元墓 元代
（采自徐光冀主编《中国出土壁画全集 4 山东》，科学出版社 2011 年）

图 3-89 王祥卧冰求鲤图 山东省济南市
历城区港沟镇邢村元墓 元代
（采自徐光冀主编《中国出土壁画
全集 4 山东》，科学出版社 2011 年）

图 3-90 刘明达孝行故事图 山东省济南市
文化东路济南柴油机厂元墓 元代
（采自徐光冀主编《中国出土壁画
全集 4 山东》，科学出版社 2011 年）

图 3-91 鲁义姑舍子救侄故事图 山东省济南市
文化东路济南柴油机厂元墓出土 元代
（采自济南市文物局文物处《济南市柴油机厂
元代砖雕画墓》，《文物》1992 年第 2 期）

墓室穹窿顶西北壁，画面右侧为一武官身穿铠甲，手拿长枪坐于马上，表情严肃，马前站立一裨将。图右为一妇女身穿长裙，怀抱一幼儿，一幼儿躲于妇女右侧裙后，表现《鲁义姑舍子救侄故事图》（图 3-91）。从绘画风格看，人物形象多承接前代，先用墨线勾勒，再涂彩绘，但壁画内容与前代表现鲁义姑舍子救侄构图大相径庭，自成体系。

虞舜孝感动天图

与前代相比，元代墓室壁画中的二十四孝故事构图更为宏大，画面内容更为复杂。如山东省济南市文化东路济南柴油机厂元墓，其墓室穹窿顶北壁，图绘《虞舜孝感动天图》(图 3-92) 画面中一年轻人手拿一棍子驱赶大象耕田，身后站着两人观看。大象前飞着黄色的鸟和蝴蝶，天上绘黑色的大鸟和小鸟，画面周围装饰大量花卉。这些构图元素在元代以前未有所见。

朱寿昌弃官寻母图

朱寿昌弃官寻母故事缘起于北宋，后被元代墓室壁画继承，成为二十四孝绘画主题之一。山东省济南市文化东路济南柴油机厂元墓墓顶西壁绘一人头戴展脚幞头，身穿官服，右手掩面，似在擦泪，左侧一仆从，肩挑两个箱笼。画面表现内容应为《朱寿昌弃官寻母图》(图 3-93)。另外，山东省济南市历城区大正小区埠东村元石雕墓第二层拱眼壁上绘《焦花女哭麦图》(图 3-94) 图，也属山东地区首次发现。

主题不详

平阴县南李山头村元代石刻壁画墓左幅画面 (图 3-95) 上方有浮云两朵，下为一女子，左臂搭一巾帻，双手掩面似在哭泣，故事内容不详。

右幅画面中是一拥袖掩嘴、似在哭泣的女子。"东侧画像石右幅画面左侧为一株树木，右侧立一人，头顶单髻，双手掩面作哭泣状。故事内容不详。中幅画面右侧为山石，前面斜倚一

图 3-92 虞舜孝感动天图 山东省济南市文化东路济南柴油机厂元墓 元代
(采自济南市文物局文物处《济南市柴油机厂元代砖雕画墓》，《文物》1992 年第 2 期)

图 3-93 朱寿昌弃官寻母图 山东省济南市文化东路济南柴油机厂元墓 元代
(采自徐光冀主编《中国出土壁画全集 4 山东》，科学出版社 2011 年)

中国丝绸之路上的墓室壁画

图 3-94　焦花女哭麦图　山东省济南市历城区大正小区埠东村元石雕墓　元代
（采自徐光冀主编《中国出土壁画全集 4 山东》，科学出版社 2011 年）

人，右手持杖，似老者。左侧一人，头顶单髻，怀抱一婴儿，面左行走"。故事内容不详。

北侧画像石左幅画面中为一人，"头戴无檐圆帽，身穿短袖长袍，腰系一大布兜，双手持一物，似香。其右侧为一梯形台，上立一杆，杆上端飘一物，似幡"。故事内容不详。

南壁画面中间放一小桌，桌上放三件圆形盛器。"右侧坐一人，头戴无檐圆帽，袖手，对面一人，亦戴无檐圆帽，身穿长袍，袖手弓腰作行礼状"。故事内容不详。

北壁左幅画面上方"左侧伸出一树枝，上挂衣巾，下侧卧一人，其上有二鸟飞翔，似在追啄其头部"。故事内容不详。

西壁画面右侧长者抄手坐在石上，"左侧立一人，袖手躬身面对长者"。故事内容不详。

左幅画面中为一女子，"头梳双髻，身穿长袖对襟束腰长衫，左肩担一棍，上挑一篮"①。故事内容不详。

（三）宗教类

山东地区已出土大量与宗教相关的墓室壁画，其中"妇人启门图"作为具有明确宗教意义的绘画题材，成为元代墓室壁画的主要内容。

重生信仰与道教

妇人启门图

元代壁画墓中，常见双扇安设的门，一扇关闭，另一扇微微开启，一位女子从缝隙

---

① 刘善沂：《山东长清、平阴元代石刻壁画墓》，《文物》2005 年第 2 期。

间露出半身。这一母题被研究者称为"妇人启门"或"启门图"。对于其含义,学界一直众说纷纭,经过笔者整理,主要观点有以下几种:其一,启门图表现一天当中的时序活动①;其二,半启门可能是"魂门"或"天门"②;其三,半启门开启在正壁象征"堂""寝室",开启在侧壁象征"酒房、书房、茶房"之类③;其四,启门背后是墓主"生前梦寐以求的来世仙居"或"仙寝"④。由现有材料可知,元代壁画墓中绘有"妇人启门图"的墓葬包括:

济南市司里街元代砖雕壁画墓,"明间正中假门,二板门土红彩,门上绘门钉,右侧板门绘一妇人探出半边身子"。山东章丘县4号墓北壁绘一府第,"中间一扇门半开,一妇

图3-95 主题不详 平阴元代石刻壁画墓 元代
(采自刘善沂《山东长清、平阴元代石刻壁画墓》,《文物》2008年第2期)

---

① 李清泉:《宣化辽墓——墓葬艺术与辽代社会》,文物出版社,2006年,第240页。
② 巫鸿:《礼仪中的美术——巫鸿中国古代美术史文编》下册,三联书店,2005年第1版,第481—492页。
③ 冯恩学:《辽墓启门图之探讨》,《北方文物》2005年第4期。
④ 李清泉:《空间逻辑与视觉意味——宋辽金墓"妇人启门"图新论》,《古代墓葬美术研究》第1集,文物出版社,2011年第1版,第329—362页。

人半身露于门外"①。山东章丘青野元代壁画墓铺作下接普拍枋。"门由上额、门额、倚柱、立颊、地帐、板门和门簪组成。两扇板门半启,其上所饰乳钉纹清晰可辨,上额和倚柱饰有弧形和花卉图案"②。平阴县南李山头村元代石刻壁画墓北壁,"中部画像正中刻板门,一扉关闭,一扉半启,门内一妇人探出半身,头梳双髻,上着对襟衫,肩披帔巾,下穿长裙,左手扶住门扉"。济南市历城区港沟镇邢村元墓,墓室北壁正中砌一山花向前的歇山顶式仿木结构二层楼阁,见《仿木楼阁图》(图3-96),明间绘一方门,门额上绘四个圆形门簪,门内侧一黑门板绘红乳钉,另一板门开启,立一女子。

山东省章丘市双山镇三涧村元墓,墓室北壁绘《启门图》(图3-97),画面中央两扇红色板门,门上五排门钉,门半开,一长髯男子带东坡巾,着窄袖长袍,半身弹出门外。

山东省济南市历城区大正小区埠东村元石雕墓,墓室东壁顶部为山花向前屋顶石雕,下面绘《男仆半启门图》(图3-98),板门两扇,圆形门簪,各有五排门钉,

图3-96 仿木楼阁图 山东省济南市历城区港沟镇邢村元墓 元代
(采自徐光冀主编《中国出土壁画全集4 山东》,科学出版社2011年)

一男侍戴钹笠冠,着圆领窄袖长袍,半身探出门外。

其他

平阴县南李山头村元代石刻壁画墓室顶画像1幅。中心部位为"由S形线分开的圆形,周围似火焰纹,可能寓示太阳,外有两只凤凰围绕其飞翔。四隅为三瓣叶"。

---

① 济南市文化局、章丘县博物馆:《济南近年发现的元代砖雕壁画墓》,《文物》1992年第2期。
② 刘善沂:《山东长清、平阴元代石刻壁画墓》,《文物》2008年第2期。

 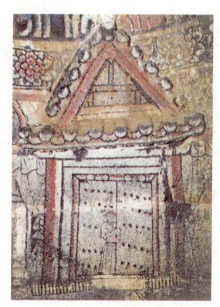

图 3-97 启门图 山东省章丘市
双山镇三涧村元墓 元代
（采自徐光冀主编《中国出土壁画
全集 4 山东》，科学出版社 2011 年）

图 3-98 男仆半启门图 山东省济南市历城区
大正小区埠东村元石雕墓 元代
（采自徐光冀主编《中国出土壁画
全集 4 山东》，科学出版社 2011 年）

  山东临淄大武村元墓在厅堂正中用砖雕出一个带座的长方形龛，龛内放置砖雕的顶部为梯形的碑。碑上墨书题记三行，中间一行为"至正贰四年二月初吉日"，右边为"长男于洹"，左边为"于贤泣立□□□□"①。此处明显是一个供奉龛，见《供奉龛》(图 3-99)。

  此外，山东省济南市文化东路济南柴油机厂元墓、山东省济南市历城区港沟镇邢村元墓、山东省济南市华龙路元墓、山东省济南市华龙路元墓、山东省章丘市秀惠镇女郎

---

① 刘善沂：《山东长清、平阴元代石刻壁画墓》，《文物》2008 年第 2 期。

图 3-99 供奉龛 山东省淄博市临淄区大武村元墓 元代
(采自山东省文物考古研究所、北京大学中国考古学研究中心《山东临淄大武元墓发掘简报》,《文物》2005 年第 11 期)

山 16 号元代壁画墓发现《云鹤图》(图 3-100)、《仙鹤莲花藻井图》(图 3-101)、《翔鹤图》(图 3-102)、《仙人控鹤图》(图 3-103)、《云气仙鹤图》(图 3-14)等图像。山东省章丘市秀惠镇女郎山 60 号元代壁画墓甬道东侧绘《怪兽图》(图 3-105)。

(四) 装饰类

元代壁画中的装饰类纹样,数量较多,集中出现在仿木结构门楼表面,主要以砖雕配合以彩绘形式出现。

吉祥纹样图

济南市司里街元代砖雕壁画墓歇山立面绘出脊吻、瓦头、博风板及垂鱼,博风板及垂鱼涂朱彩。

山东章丘青野元代壁画墓歇山顶下为檐,檐下有砖砌铺作三朵,其中柱头铺作两朵、补间铺作一朵。

长清县王宿铺村石刻壁画墓券顶石外刻"三道凸棱,券顶之上有四枚门簪,中间为菱形,两侧为八边形。门簪上方为普拍枋,两石构成,外刻 S 形缠枝卷草图案"。

长清县王宿铺村石刻壁画墓中间刻"歇山顶博风板,墨线勾框,内涂朱彩,上绘悬鱼、惹草。博风板西侧绘莲花。穹窿顶阴刻莲花藻井"。

宝物图

长清县王宿铺村石刻壁画墓明间内画面上绘帷帐,中心部位绘宝器等物。

山东省济南市文化东路济南柴油机厂元墓,墓室南壁墓门东侧,绘一《聚宝盆图》(图 3-106),内置象牙、银锭、珠宝等物。

图 3-100 云鹤图 山东省济南市文化东路济南柴油机厂元墓 元代

（采自济南市文化局文物处《济南柴油机厂元代砖雕壁画墓》，《文物》1992 年第 2 期）

图 3-101 仙鹤莲花藻井图 山东省济南市历城区港沟镇邢村元墓 元代

（采自徐光冀主编《中国出土壁画全集 4 山东》，科学出版社 2011 年）

图 3-102 翔鹤图（局部）山东省济南市千佛北麓齐鲁宾馆元墓 元代

（采自房道国、史云《济南市千佛山元代壁画墓清理简报》，《华夏考古》2015 年第 4 期）

图 3-103 仙人控鹤图 山东省济南市华龙路元墓 元代

（采自徐光冀主编《中国出土壁画全集 4 山东》，科学出版社 2011 年）

东部卷·山东分卷

图 3-105 怪兽图 山东省章丘市秀惠镇女郎山 60 号元代壁画墓 元代
（采自徐光冀主编《中国出土壁画全集 4 山东》，科学出版社 2011 年）

图 3-104 云气仙鹤图 山东省章丘市秀惠镇女郎山 16 号元代壁画墓 元代
（采自徐光冀主编《中国出土壁画全集 4 山东》，科学出版社 2011 年）

图 3-106 聚宝盆图 山东省济南市文化东路济南柴油机厂元墓 元代
（采自济南市文化局文物处《济南柴油机厂元代砖雕壁画墓》，《文物》1992 年第 2 期）

山东省章丘市秀惠镇女郎山16号元代壁画墓，后室西壁画面墨线勾勒一三云头形足的承盘，其内放置犀角、银锭、珠宝等，见《杂宝图》（图3-107）。

花卉纹图

济南市历城区1号墓，墓室壁画2～6幅上部均绘幔帐，下垂红彩飘带及流苏。残存门楼仿木建筑构件，用红、绿、黄彩勾画各种花卉。

墓室第1层绘六根柱子，柱子上下两端绘莲花，中间绘牡丹。第2层斗下部绘莲花，拱上绘云纹，拱眼壁绘花卉。第3层绘一周卷云纹，第4层绘莲花瓣，第5层为莲心。

济南历城区2号墓墓室斗拱上端第1层为花瓣纹砖东西壁各8块。第2、3层为古钱形砖。

门楣下层用墨线绘横S卷草纹，上层绘三角形纹带，每个三角形内画花瓣。

济南市历城区2号墓北壁立柱两端绘莲瓣，墓室四隅倚柱两端绘莲瓣。

山东章丘县3号墓门额上黑彩绘卷草图案，部分拱眼可见花草纹饰。墓室构建均用墨线勾勒轮廓和花卉。"屋顶山花板用墨线勾勒梁架，再用红彩勾云朵，内绘石榴。转角斗拱与歇山式屋顶间绘牡丹花"①。第1层花瓣砖雕，第2层雕古钱纹，砖雕以外墓壁下层绘牡丹，上层绘三角形纹带，内画花瓣。

济南市司里街元代砖雕壁画墓墓壁依柱两端各绘3瓣仰莲。第2、3柱之间为"单层歇山顶，两立柱绘仰莲、覆莲、柱身绘木纹。拱眼间绘花卉图案，第2层立柱4柱，上端绘覆莲箍头"。

图3-107 杂宝图 山东省章丘市秀惠镇女郎山16号元代壁画墓 元代
（采自徐光冀主编《中国出土壁画全集4山东》，科学出版社2011年）

---

① 刘善沂：《山东长清、平阴元代石刻壁画墓》，《文物》2008年第2期。

中国丝绸之路上的墓室壁画

　　山东章丘青野元代壁画墓券形顶由下而上分别为"三角纹、云花纹及由花瓣形砖组成的钱币图案等"。

　　平阴县南李山头村元代石刻壁画墓,门额上阴刻4枚门簪,圆形,下面刻花卉图案。

　　门扉外面上部阴线刻四斜球纹格眼,中部为腰华板,下部阴刻障水板,内刻门图案。

　　南壁墓门两侧各1幅画像,各刻于1块石板上。均为盆栽花卉。

　　顶室以双线方形界格将画幅分为20个小格。中心部位为由"S形线分开的圆形,周围似为火焰纹,可能寓示太阳,占1大格(4小格)。每1小格中心皆刻花蕊及花瓣,组成花卉图案"①。

　　山东临淄大武村元墓左壁(西壁)为"三足尊式瓶,内插一束莲花;墓室上部的装饰自上而下分为三层"②。最上层饰《莲花纹》(图3-108)。

　　第二层是一圈两块砖厚的装饰带,用黑彩绘出连续卷草纹。

　　第三层是由凸起的砖砌成的连续雷纹带,雷纹上施红彩,以黄彩为地。

图3-108　莲花纹　山东省淄博市临淄区大武村元墓　元代
(采自山东省文物考古研究所、北京大学中国考古学研究中心《山东临淄大武元墓发掘简报》,《文物》2005年第11期)

---

①　刘善沂:《山东长清、平阴元代石刻壁画墓》,《文物》2008年第2期。
②　山东省文物考古研究所、北京大学中国考古学研究中心:《山东临淄大武村元墓发掘简报》,《文物》2005年第11期。

文字

济南市历城区 1 号墓，甬道墨书"阎吕"二字，东侧为一"门"字。墓室壁画第一幅右侧有两横行朱书，为"瓦屋高""大阳翁"6 字。左侧有墨书 33 字①。

山水画

济南市历城区 1 号墓墓室壁画第 3 幅后墓主夫人身后绘《山水屏风图》（图 3-109、图 3-110）。

图 3-109　山水屏风图（一）山东省济南市历城区
　　　　　大正小区埠东村元石雕墓　元代
（采自徐光冀主编《中国出土壁画
全集 4 山东》，科学出版社 2011 年）

图 3-110　山水屏风图（二）山东省济南市历城区
　　　　　大正小区埠东村元石雕墓　元代
（采自徐光冀主编《中国出土壁画
全集 4 山东》，科学出版社 2011 年）

---

① 济南市文化局、章丘县博物馆：《济南近年发现的元代砖雕壁画墓》，《文物》1992 年第 2 期。

第五节　丝绸之路对繁荣期墓室壁画的影响

隋唐宋辽金时期，山东地区的重要港口成了海上贸易的重要通道，开创了中外交流的新局面。此时期的墓室壁画深受海上丝绸之路的影响。

一、海上贸易发达。隋唐至宋，以登州和莱州港口为代表的山东海外贸易相当发达。以隋唐时期为例，日本的遣唐使和留学僧有相当部分借由海道在山东半岛的登州或莱州登陆。这一时期，登州等地还建有专门管理外国人进出港口的机构，便于中原王朝处理与朝鲜半岛、日本列岛进行政治、经济、文化等往来事宜。北宋初年，登州、莱州仍是对朝、日交通的门户，朝鲜到中国的使节大多仍由登州入境。但是，北宋中叶以后，由于辽金连年侵宋，战争频繁，海疆不宁，经济重心因之南移，山东地区在丝绸之路上的地位和作用发生了变化，登州港作为对外经济、文化交流口岸的地位逐渐下降，而作为海上军港的地位和作用则日趋突出。

二、佛教元素大量涌现。这一时期，丝绸之路上的山东地区墓室壁画步入繁荣期。从艺术风格与题材上看，壁画中出现了大量具有佛教主题或色彩的图像和装饰纹样。如英山一号、二号隋墓门楣处，刻花卉、莲台、火焰及宝珠纹。墓门门楣、门框边缘，装饰串珠纹。又如，英山一号隋代墓西壁"侍郎夫妇宴享行乐图"，画有一人"腰束皮带，带上系一球状物，正以舞蹈姿势作盘足踢跳状。圆球跃起，飘然欲动"。其舞蹈特征与文献记载的胡旋舞表演特征极为相似，表现了外来影响。如此的考古发现不胜枚举，佐证了繁荣时期的墓室壁画明显受到佛教艺术东传的影响。

第四章 衰退期的墓室壁画

衰退期的墓室壁画指的是明清时期的墓室壁画。这一时期山东地区壁画墓发掘较少，壁画布局及内容也不具有典型性，较多徒留形式，已无实际审美内容。

第一节　清代的墓室壁画

一、遗存梳理

就山东地区而言，至今可考的清代墓室壁画只有1座，出现在高新区埠东村，于2013年在一建设工地发现。这座光绪三十三年（1907年）的壁画墓是迄今所知有明确纪年的壁画墓中年代最晚的一座①。

二、形制类型

（一）墓室形制类型

埠东村清代壁画墓是济南地区清理的第一座夯筑前后室的清代墓葬，在土坑竖穴墓和单室砖墓成为主流的时代，仍然有人能建造砖、石、三合土三种建筑材料的前后室墓，这不仅说明传统的墓室建筑技术依然存在于世，并且意味着墓室建成前堂后室的观念仍然被一些人承袭。

（二）壁画形制类型

埠东村壁画墓共刻或题写9副对联，分别刻在门楼立柱，题写在前室门侧等处，或是门联，或是中堂联，其数量之多，在迄今所见古代墓葬中是首屈一指的。

该墓室壁画主要出现在前室门楣对联两侧、前室南壁中部、北壁中部、后壁墓门对

---

① 杨爱国、房道国：《济南高新区埠东村清代壁画墓初探》，《中国美术研究》第11辑。

联两侧、后室南壁与北壁、后室墓顶等处①。

三、题材类型

（一）宗教信仰类

重生信仰与道教

该墓后室顶绘长方形八卦图。这意味着即使是在墓室壁画衰退期，虽然墓主人阶层的上移与宗族仪式程式化的影响使得墓室壁画远不如繁荣期，但重生信仰仍然是一个不变的主题。

（二）装饰类

明清壁画墓虽然数量不多，规模不大，但类型上还是有一个比较完整的面貌，壁画题材也承袭了兴盛期的主要特征，所以明清壁画墓的图像特征有着一些以沿革为主的表现痕迹，比如壁画题材多为墓主人图、屏风画、花鸟图等，都是承袭之前的墓室壁画②。

花鸟画

埠东村清代墓壁画就有这样的特征，如前室门楣对联两侧各有一幅花草图像，南侧为兰草，北侧为行草书迹；前室南壁中部绘"松鹤图"中堂；北壁中部亦绘中堂，可惜图像不清，似为雄鸡报晓图；后室墓门对联两侧有六屏图；后室南壁亦是规格相同，各纵134厘米、横32厘米的六屏图。

与此同时，埠东村清代壁画墓出现了9副对联，为之前各代少见。这说明清代的对联文化已经发展到极为成熟的阶段，以至深刻地影响了丧葬礼俗，像埠东村壁画墓出现的对联数量是目前绝无仅有的③，见《对联图》（图4-1至图4-3）。

---

① 杨爱国、房道国：《济南高新区埠东村清代壁画墓初探》，《中国美术研究》第11辑。
② 汪小洋：《中国墓室壁画衰退期研究》，《民族艺术》2014年第5期。
③ 杨爱国、房道国：《济南高新区埠东村清代壁画墓初探》，《中国美术研究》第11辑。

图4-1 对联图1 济南高新区埠东村清代壁画墓初探 清代
(采自杨爱国、房道国《济南高新区埠东村清代壁画墓初探》,《中国美术研究》第11辑)

图4-2 对联图2 济南高新区埠东村清代壁画墓初探 清代
(采自杨爱国、房道国《济南高新区埠东村清代壁画墓初探》,《中国美术研究》第11辑)

图4-3 对联图3 济南高新区埠东村清代壁画墓初探 清代
(采自杨爱国、房道国《济南高新区埠东村清代壁画墓初探》,《中国美术研究》第11辑)

第二节 丝绸之路对衰退期墓室壁画的影响

明清两代，随着丝绸之路对于山东地区经济和文化发展的意义日渐消减，墓室壁画逐渐式微。

一、"海禁"影响巨大。明清时期的海禁政策波及朝鲜半岛和日本群岛等地，以日本为例，受海禁的影响最大。明初，明王朝对日本来华"朝贡"实行极为严格的限制政策，甚至规定日本"十年一贡"，每次入贡，船不得超过三艘，人数不得超过三百人；明朝中后期，东部沿海地区都处于"倭寇"和"抗倭"的情势之下，故而对日贸易和文化交流几乎陷入停顿状态；到了清代，日本与清政府之间的关系也一直保持着紧张；而且，清初实行比明末更为严厉的海禁政策，并数次下迁海令。明清时期的海上对外交往活动几乎绝迹。

二、陆上丝绸之路举步维艰。由于海禁政策，朝鲜使节来中国多走东北陆路，使得去朝鲜经商的中国人大为减少。从明朝开始，中原地区与西域诸国之间的贸易均以"朝贡贸易"的形式为主，民间贸易萎缩，作为陆上丝绸之路最东端的山东地区，与西域之间的直接贸易往来基本停止。

清朝建立后，自东北到朝鲜的陆上通道畅通无阻，再加上山东沿海与朝鲜人民的交往始终没有间断，他们往往以捕鱼、采药等名头进行经济贸易活动，因此，康熙至乾隆时期是山东沿海居民与朝鲜交往的又一个高潮时期。但是，整体而言，明清时期的海陆丝绸之路的作用已经大不如前了。

三、墓室壁画受丝绸之路的影响几乎消失。此时期作为蚕桑丝绸生产大省的山东，仍然是明清政府向外输出丝绸的重要来源地之一。但是整体上看，明清时期陆上和海上丝绸之路的墓葬壁画呈现出数量少、艺术水平低的特点：一方面，之前流行于丧葬文化的装饰性墓室壁画几乎绝迹,因此,墓葬壁画相对简陋,反映了此时期对丧葬文化信仰呈现出消减的态势;另一方面,墓室壁画一味保守,内容少创新,这也从另一个侧面印证了此时期的墓室壁画受海陆丝绸之路的影响不大。值得注意的是,虽然此时山东地区墓室壁画中的花鸟画与屏风画艺术水平远不如前,也少新意,但体现出某种风格的沿袭,"在壁画墓衰退趋势下能够有这些内容在墓室壁画中出现,并且承袭了之前的一些艺术表现,这个现象还是有明确意义的"[1]。

---

[1] 汪小洋:《中国墓室壁画衰退期研究》,《民族艺术》2014年第5期。